AF372770

Sarkonomics

DU MÊME AUTEUR

Salaires et emploi, *Une critique de la pensée unique*, Syros, 1996.

La Facture sociale, *Sommes-nous condamnés au libéralisme ?*, Arléa, 1998.

Les Politiques de l'emploi, Seuil, 2000.

Politiques économiques, Montchrestien, 2000.

Refermons la parenthèse libérale !, La Dispute, 2005.

Vive l'impôt!, Grasset, 2007.

Le Fabuleux Destin de la courbe de Phillips, Presses Universitaires du Septentrion, 2007.

10 + 1 Questions sur la dette, Michalon, 2007.

Liêm Hoang-Ngoc

Sarkonomics

BERNARD GRASSET
PARIS

ISBN 978-2-246-73231-0

« Le modèle social français est le
pur produit du Conseil national de la
Résistance. Un compromis entre gaullistes et communistes. Il est grand
temps de le réformer, et le gouvernement s'y emploie. »

Denis Kessler (Vice-président exécutif
du MEDEF de 1998 à 2002).

L a nouvelle droite, cuvée Nicolas Sarkozy, est en bouteille depuis un an. Son
récoltant a su, en apparence, procéder
au mélange équilibré des cépages bonapartistes,
légitimistes et orléanistes[1]. Après dégustation, la
cuvée 2007 dégage pourtant en bouche un
accent légitimiste prononcé.

La droite légitimiste est celle qui, à la chute de
Napoléon Ier, sous Louis XVIII, puis Charles X,
cherche à restaurer les privilèges abolis par la
Révolution. Selon René Rémond, « elle n'existe
plus guère que comme survivance archaïque et
davantage comme école de pensée que comme
expression d'une force politique[2] ». « Comme
école de pensée », elle influence pourtant
subrepticement les projets néo-conservateurs
d'un chef d'Etat qui usurpe outrageusement le

---

1. Ces catégories, désignant les grandes familles de la
droite française, sont empruntées à René Rémond, *Les
Droites en France*, Aubier, 1954.
2. « René Rémond et ses droites françaises », entrevue
avec Frédéric Fritscher et Alexis Lacroix, *Le Figaro*,
6 octobre 2005.

trône du modernisme. Elle légitime aussi les privilèges économiques des nouveaux rentiers, qui fuient l'impôt républicain comme les émigrés fuyaient la Révolution. Les réformes fiscales qu'elle inspire leur permettront de transmettre à leurs héritiers un patrimoine reconstitué grâce aux dividendes du nouveau capitalisme.

La droite orléaniste, sous Louis-Philippe, est celle du compromis entre la Monarchie et la République. Un tel compromis est très tôt recherché après la Révolution par la famille feuillantine, formant l'aile droite du club des Jacobins, jusqu'à ce qu'elle soit répudiée après la fuite à Varennes en 1791. La droite orléaniste est une droite libérale. Elle détient la paternité du projet centriste, dont François Bayrou revendique l'héritage. Fédérée en 1978 dans l'UDF créée par Valéry Giscard d'Estaing, elle est de nos jours divisée entre les ralliés à l'UMP et les frères ennemis du Mouvement démocrate et du Nouveau Centre.

Depuis 1945, la droite française est dominée par la famille bonapartiste, recomposée par le général de Gaulle contre l'occupant. Les bonapartistes ne sont pas toujours des conservateurs. Bonaparte lui-même est un ancien Montagnard. C'est avec les forces progressistes de la France libre que de Gaulle forge lui-même au sein du Conseil national de la Résistance le compromis de 1945. La France du général de Gaulle est bien plus socialiste que la Grande-Bretagne de Tony Blair. Elle fait émerger quelques « îlots de socialisme » tels que la Sécurité sociale, la politique industrielle et les services publics. Elle est laïque et anti-atlantiste.

La cuvée 2007 a l'apparence du gaullisme. Elle en conserve la méthode de fabrication (la recherche de l'union nationale rebaptisée « ouverture »), mais elle n'en a plus le goût. Le sarkozysme est communautariste et revendique le rapprochement avec Londres et Washington. Son seigneur se fait nommer chanoine par le pape Benoît XVI. Il décerne la médaille d'or à Guy Môquet pour mieux railler l'œuvre sociale des Résistants. La principale cible du sarkozysme est l'Etat social, édifié au temps du Général. La rupture « sans complexes » qu'il entend incarner aura des répercussions sur la stratégie industrielle, le droit du travail, le système de protection sociale, le système fiscal et le système éducatif qui caractérisaient l'exception française. La nouvelle droite s'appuie sur un discours économique néo-libéral pour pratiquer une véritable politique de classe en faveur des nouveaux rentiers. Cette rupture ne date pas du 6 mai 2007. Elle est explicitement à l'œuvre au sein de la famille bonapartiste depuis 1993, lorsque Edouard Balladur, déjà flanqué de Nicolas Sarkozy, nommé ministre du Budget, triomphe de la ligne incarnée par Charles Pasqua et Philippe Séguin. Elle fut autorisée par Jacques Chirac en personne, avant même la première cohabitation de 1986, pour capter le vote des nouvelles élites séduites par les idées libérales de l'UDF. La rupture avec le gaullisme se produit exactement le 6 décembre 1978, au soir de l'Appel de Cochin [1], où celui qui est parfois présenté comme le dernier des gaullistes fustige « le parti de l'étranger ». L'attaque vise le parti fondé par Valéry Giscard d'Estaing, en campagne pour la première élection des députés européens au suffrage universel de juin 1979. Mais le discours anti-européen de Cochin laisse indifférentes les nouvelles classes dominantes. L'ancien Premier ministre de Giscard d'Estaing se met dès cet instant à la nouvelle mode. Il répudie Marie-France Garaud et Pierre Juillet de son proche entourage. Il fonde le RPR, puis crée, deux décennies plus tard, l'UMP, machines électorales construites par ses propres soins pour broyer l'UDF aux fins d'en récupérer l'électorat et le programme. L'UMP, une fois conquise par Nicolas Sarkozy, aura pour tâche supplémentaire de récupérer l'électorat de la droite néo-poujadiste. Quant au fond de sa politique éco-

---

1. L'appel fut lancé de l'hôpital Cochin, où Jacques Chirac était soigné à la suite d'un accident de voiture survenu le 26 novembre.

nomique, le parti de la nouvelle droite subit l'influence du lobby patronal, au sein duquel les idéologues du nouveau capitalisme de la rente ont succédé aux défenseurs de l'entreprise familiale chère au CNPF d'Yvon Gattaz.

Les élites de la mondialisation n'ont rien à voir avec leurs ancêtres légitimistes, fins de race de l'Ancien Régime de la propriété terrienne. En 1998, c'est pourtant un authentique baron pontifical, conscient de l'opportunité offerte par la revanche des actionnaires, ces rentiers du capitalisme, d'instaurer à nouveau des privilèges, qui fonde le MEDEF pour faire l'apologie d'une véritable contre-révolution. Pour éviter qu'elle ne paraisse trop évidente, cette restauration est baptisée « refondation sociale ». Provocant à l'excès, Ernest-Antoine Seillière de Laborde cédera sa place à la main de fer, gantée de velours, de Laurence Parisot. Les nouveaux rentiers ne tirent pas leurs privilèges de la propriété terrienne, mais de la détention et de la gestion d'actifs financiers. Méprisés comme nouveaux riches par l'aristocratie traditionnelle, ils affichent ostensiblement leur réussite, copiant en cela leurs idoles du Nouveau Monde. Ils assoient leur pouvoir en aliénant ceux qu'ils exploitent et qu'ils font rêver, aidés en cela par des promoteurs de pavillons, de téléphones portables et de chaînes télévisées, diffusant de nouveaux jeux du cirque et propageant de puissants opiums du peuple. La droite néo-légitimiste se distingue aussi de la droite légitimiste traditionnelle pour avoir compris qu'elle ne peut, en République, conquérir durablement le pouvoir autrement que par le suffrage universel. Elle doit donc se faire aimer du peuple qu'elle méprise. Avec l'appui d'une presse qu'elle voudrait mettre aux ordres, la nouvelle droite est devenue « populaire » en menant une bataille idéologique sans complexes, faisant passer aux yeux du téléspectateur de TF1 des vessies pour des lanternes. Telle est d'ailleurs la fonction sociale de l'idéologie dominante, à moins que ses apôtres, fanatisés, ne soient pourvus, comme l'aurait dit Althusser, d'une fausse conscience de la réalité, à défaut d'en avoir mauvaise conscience. Au nom de la lutte contre l'« immobilisme », les « réformes » organisant la régression sociale généralisée sont présentées comme les attributs d'une politique « moderne ». Succombant à ces sirènes, la gauche s'est mise à faire une campagne royaliste carrément néoconservatrice, la conduisant à la défaite du 6 mai 2007. En acceptant la pertinence des thèmes de campagne de la droite, sa candidate a fini par les légitimer un par un. Sur ce terrain, la majorité des électeurs optait logiquement pour le candidat le plus crédible.

Cet ouvrage oppose à l'idéologie de la nouvelle droite le discours économique et social dont sont orphelins des millions de citoyens. Il peut être une contribution à la refondation de la gauche qui s'amorcera inévitablement, un jour ou l'autre. Dix chapitres courts déconstruisent pédagogiquement les versets les plus prononcés de la religion économique néo-conservatrice, parfois prêchée, à gauche, par les apôtres néo-girondins d'une autre rénovation, à tort qualifiée de sociale-démocrate. De part et d'autre, on invoque ainsi la « revalorisation du travail et la lutte contre l'assistanat », la recherche d'un compromis « gagnant-gagnant » autour de la « flexicurité » du marché du travail, le « désendettement et la réforme de l'Etat », la « critique de la carte scolaire » ou encore l'« autonomie des universités », qu'on veut livrer à la corporation d'Ancien Régime des présidents d'université !

Le clivage entre conservateurs et progressistes se situe, certes, sur les questions sociétales où le retour des thèses les plus réactionnaires sur l'héritage génétique, comme cause des comportements déviants, est notamment à l'origine de propositions sécuritaires des plus discutables pour juguler la délinquance juvénile. La nouvelle droite en profite au passage pour vouer Mai 68 aux gémonies. Elle n'hésite plus à promouvoir le fichage ethnique et à agrémenter ses discours et ses lois sur l'immigration de

« détails [1] » que l'extrême droite trouve immanquablement croustillants. Un tel tournant est
remarquable car une partie de la famille libérale,
rassemblée dans l'UDF, avant de rallier l'UMP,
était traditionnellement progressiste sur les
questions de société, comme lors de la bataille
du droit à l'avortement, remportée avec panache
par Simone Veil. Le libertarien Alain Madelin,
partisan de la dépénalisation des drogues douces
et de la libéralisation des mœurs, rejoindrait sur
les questions sociétales nombre de militants d'extrême gauche.

Mais le véritable fossé qui sépare néo-conservateurs et progressistes prévaut sur le terrain
économique et social. Les chapitres qui suivent
placent la redistribution des richesses produites
par le travail au cœur du projet politique qu'une
gauche digne de son nom doit reconstruire.
Dans le capitalisme actionnarial qui s'est imposé,
le partage des revenus est devenu excessivement
défavorable aux salaires, en France plus qu'aux
États-Unis, en contradiction totale avec la théorie de la valeur-travail, que tous nous invitent
pourtant à redécouvrir.

« Chiche ! » répondons-nous dans cet ouvrage,
qui relève le défi de considérer que le travail de

---

1. Lors de son discours au Conseil national de l'UMP
du 6 octobre 2007, François Fillon qualifia de « détail »
l'amendement à la loi sur l'immigration proposant les tests
ADN pour autoriser le regroupement familial.

l'Homme pour domestiquer la nature est, depuis les premiers temps de son Histoire, la seule source de création de valeur. Dans cette hypothèse, le profit, qui alimente la nouvelle rente, ne rémunère aucun travail. Il est un prélèvement sur le produit du travail du salarié, dont l'exploitation, seule, est à l'origine de la richesse des actionnaires. Le retour du discours de droite sur la valeur-travail est d'autant plus étonnant que les idéologues du nouveau capitalisme ont, au cours de la dernière décennie, théorisé que le fait d'acheter et de vendre une action (le propre de l'activité spéculative) était en tant que tel devenu source de création de valeur. La fusion-acquisition purement financière, sans investissement dans l'économie réelle, suffirait à faire pousser de la richesse... Le capital créerait donc de la valeur, tout comme la terre était « la seule mère de la richesse » chez les économistes physiocrates[1] qui faisaient, sous Louis XV, l'apologie d'un ordre naturel respectueux du propriétaire foncier et du fermier. Ces encyclopédistes éclairés n'en recommandaient pas moins au despote éclairé de prélever l'impôt sur les propriétaires. Dans le nouveau régime, celui des propriétaires d'actifs financiers, un cercle d'éco-

---

1. François Quesnay, *Tableau économique*, 1758.
François Quesnay, Victor Riqueti, marquis de Mirabeau, *Théorie de l'impôt*, 1760.

nomistes condamne aujourd'hui toute politique qui s'attellerait à taxer le capital car celui-ci, censé « créer de la valeur pour l'actionnaire », délocaliserait alors ses bases fiscales. Malgré la propagande faite par tous les cercles de la raison, il subsistait quelques bonnes raisons pour que le peuple des authentiques travailleurs puisse ne point adhérer à ce discours. A l'approche de l'échéance présidentielle de 2007, le risque électoral de l'apologie trop voyante du nouvel ordre économique ne pouvait qu'amener son héraut à travestir la théorie de la valeur-travail. On fit alors passer les cigales pour des fourmis, auxquelles tout un chacun était appelé à s'identifier : le capitaliste devenait un travailleur laborieux, rêvant d'entreprendre et de transmettre à ses enfants le fruit du travail de toute une vie.

John Maynard Keynes[1] avait, dès 1936, ridiculisé la vieille idéologie conservatrice assimilant le rentier à l'entrepreneur. La mise en œuvre de ses idées favorisa trente glorieuses années de croissance, au cours desquelles « l'euthanasie du rentier » (*dixit* Keynes) permettait à l'entrepreneur et au travailleur (que Keynes, membre du Parti libéral, méprisait profondément) de faire relativement bon ménage. Mais

---

1. John Maynard Keynes, *Théorie générale de l'emploi, de l'intérêt et de la monnaie (1936)*, Payot, 1985.

en toute rigueur, dans l'histoire de la pensée économique, la théorie de la valeur-travail est celle qui fut inaugurée par les économistes classiques Adam Smith[1] et David Ricardo[2] et qui est reconsidérée par Karl Marx[3] dans *Le Capital*[4]. A l'époque du retour en grâce de l'éthique de la besogne, la découverte de ce qu'il convient d'appeler la *théorie économique de la valeur-travail*, loin de s'avérer anachronique, permettra au profane de désacraliser les dix commandements de la *Sarkonomics*, pâle succédané de la *Reaganomics* que célébraient, il y a près de trente ans, les néo-conservateurs américains dont le pouvoir est à nouveau contesté.

---

1. Adam Smith, *Recherches sur la nature et les causes de la richesse des nations (1776)*, Flammarion, 1991.

2. David Ricardo, *Des principes de l'économie politique et de l'impôt (1817)*, Flammarion, 1992.

3. La regrettée économiste postkeynésienne de Cambridge, Joan Robinson, disait de Karl Marx qu'il est « le dernier des classiques ».

4. Karl Marx, *Le Capital, livre 1 (1867), livre 2 (1885), livre 3 (1894)*, Editions sociales, 1977.

Les travailleurs tu exploiteras

« Travailler plus pour gagner plus ! » est la devise qui orne le fronton du Nouveau Contrat Social de la *Sarkonomics*.

Le discours néo-conservateur oppose les travailleurs entre eux. Il désigne aux yeux des salariés les chômeurs comme des « assistés » et dresse les salariés les uns contre les autres. Alors que les rentiers se partagent les meilleurs morceaux de la bête, les travailleurs en sont réduits à s'étriper dès l'aube pour en ronger les os. Des immigrés, choisis, sont même autorisés à participer au festin... La baisse du pouvoir d'achat des uns est mise sur le compte de l'impossibilité de travailler plus, à cause des 35 heures, revendiquées par ceux qui veulent toujours gagner plus en travaillant moins. Qu'on se le dise ! Dans une économie mondialisée et ouverte à la concurrence, une répartition des revenus plus favorable aux salaires est impossible, sous peine de perdre des marchés et de subir les délocalisations. Instruments essentiels de la redistribution des gains de productivité, la réduction du temps de travail, l'augmentation des salaires et autres rigidités du marché du travail sont autant de freins au « point de croissance qui nous manque » et qu'il faudra aller « chercher avec les dents » (*dixit* Nicolas Sarkozy). La crise du pouvoir d'achat ne peut donc être résolue que par l'allongement du temps de travail, l'intéressement [1] et l'ouverture à la concurrence qui permettra la baisse des prix, partout, même dans la grande distribution ! Jacques Attali fut débauché pour présider une commission [2] chargée d'en commercialiser l'utopie et d'instruire, une nouvelle fois, le procès du « modèle hérité de l'après-guerre », de son Etat social, son droit du travail, ses départements, sa carte scolaire... ses pharmaciens, ses taxis et ses coiffeurs [3] !

------

1. Puisque la hausse des salaires est écartée, les primes défiscalisées, versées au titre de l'intéressement et de la participation dans les entreprises qui font du profit sont un moyen d'augmenter ponctuellement le revenu des seuls travailleurs concernés par les accords d'intéressement. Exclues de l'assiette des revenus salariaux soumis à cotisations, ces primes ne sont pas intégrées dans le revenu qui servira de base au calcul des retraites et ne participent pas au financement du régime par répartition, à l'heure où l'on demande de nouveaux « efforts » aux salariés et aux retraités...

2. « 300 décisions pour changer la France », Rapport de la commission pour la libération de la croissance française, sous la direction de Jacques Attali, XO éditions, La Documentation française.

3. Les chiffres publiés en décembre 2007 par une enquête du *Nouvel Observateur* sont accablants. Les prix dans la grande distribution ont augmenté en moyenne de 29 % depuis le passage à l'euro et ses marges se sont accrues de

D'autres chiens de garde ne cessent de ressasser que l'économie est contrainte par « l'offre » : « Les entreprises ne peuvent produire plus parce que personne ne veut travailler plus, surtout pas les trois millions d'assistés qui jouissent des allocations chômage et du RMI ! Pour produire plus, il faut alors inciter ceux qui le veulent à travailler plus pour gagner plus. Les plus méritants de ceux qui se lèvent tôt doivent donc pouvoir racheter leurs RTT ou faire des heures supplémentaires ! Elles seront exonérées d'impôts et de cotisations sociales, pour les employeurs et leurs salariés. Mais comme leur coût pour l'entreprise est majoré par rapport au coût d'une heure normale, le meilleur moyen d'allonger la durée du travail à moindres

---

3 % entre 1996 et 2004. Pour autant qu'elle soit souhaitable, l'ouverture à la concurrence dans la distribution risque, au contraire de l'objectif affiché, d'accroître le pouvoir du loup dans la bergerie. Les réseaux de grands distributeurs jouissent d'une rente liée à la double domination qu'ils exercent sur les producteurs et sur les consommateurs.

Premièrement, ils sont en situation de quasi-monopole ou d'entente oligopolistique face à la multitude des consommateurs. « Libéraliser » les implantations de grandes surfaces pourrait tuer définitivement le petit commerce local, sans nécessairement provoquer une baisse des prix.

Deuxièmement, les grands distributeurs sont peu nombreux (six centrales d'achat se partagent 85 % du marché) face à quelques multinationales de l'agroalimentaire et à une multitude de petits producteurs locaux (les économistes disent qu'ils sont en position de quasi-monopsone vis-à-vis des petits producteurs). La loi Galland entendait protéger ces derniers en fixant un seuil en dessous duquel la revente à perte est interdite, celle-ci excluant les « marges arrière ». Celles-ci sont des

frais est encore de mettre fin aux 35 heures. Les vieux devront même se remettre à travailler, pour sauver le régime des retraites !... » Ce discours limpide fait pourtant fi de trois évidences.

Première évidence : l'indicateur du nombre d'heures effectives de travail montre que la durée du travail en France, de 41 heures hebdomadaires, se situe dans la moyenne européenne. La durée effective du travail dans notre pays est la même que celle observée en Allemagne et en Italie. Malgré une durée légale fixée à 35 heures hebdomadaires, les travailleurs de France ne travaillent pas moins que les autres travailleurs européens [1]. Une part plus importante des tra-

commissions versées par les fournisseurs aux distributeurs en contrepartie de la promotion de leurs produits. Seuls les industriels de l'agroalimentaire sont en mesure de payer ces imposantes « marges arrière » aux distributeurs. Ils fixent alors des prix élevés pour pouvoir souscrire au versement de ces « marges arrière », tout en préservant leurs marges (qui se sont accrues de 5 points de 1996 à 2004). Les petits producteurs locaux ne disposent naturellement pas du même rapport de forces pour fixer leurs prix, ni de la même capacité financière pour acquitter les « marges arrière ». La suppression de la loi Galland, proposée par Attali et revendiquée par Michel-Edouard Leclerc au nom de la mise en concurrence des producteurs pour obtenir des prix plus bas, condamnerait nombre de petits producteurs. Pour l'heure, la loi Chatel est un compromis qui maintient un seuil de revente à perte, avec déduction des « marges arrière » des prix d'achat des distributeurs... qui n'ont toujours pas répercuté sur leurs prix la déduction de 20 %, déjà autorisée par la loi Dutreil de 2002...

1. Les entreprises qui le souhaitent peuvent utiliser des heures supplémentaires dans la limite de 220 heures par

vailleurs européens souffre par contre de subir la réduction du temps de travail sous forme de temps partiel, bien plus nocif pour le pouvoir d'achat que les 35 heures, qui ont même créé 500 000 emplois[1]. Au cours du laps de temps travaillé, les travailleurs de France se révèlent particulièrement performants. Leur productivité horaire est l'une des plus fortes au monde. Ils détiennent la médaille de bronze de la discipline, derrière les travailleurs norvégiens et américains. Une heure de travail engendre plus de richesses en France qu'en Grande-Bretagne, où la durée effective du travail est supérieure, et encore bien plus que dans des pays d'accueil des délocalisations comme le Vietnam... Parce que sa productivité est faible, le travailleur vietnamien, qui travaille toujours plus pour gagner plus, doit cumuler trois emplois pour gagner la moitié de ce que procure un seul emploi au travailleur européen. Si l'on applique la théorie économique de la valeur-travail, lorsque la productivité du travailleur de France s'élève, celui-ci est en mesure de bénéficier, dans une proportion raisonnable, d'une augmentation de salaire ou d'une réduction du temps de travail,

---

an et par salarié, sauf accord de branche fixant une limite inférieure. 50 % des établissements de l'industrie y ont recours, pour un volume moyen de 52 heures par salarié.

1. Michel Husson, « Réduction du temps de travail : une nouvelle évaluation », *La Revue de l'IRES*, n° 38, 2002, pp. 3-32.

sans que cela détériore en quoi que ce soit le taux de marge de son entreprise. Ainsi s'explique la tendance séculaire à la réduction du temps de travail et à la progression du pouvoir d'achat, accompagnant gains de productivité et relative stabilité de long terme du partage salaire-profit. Cette tendance s'inverserait avec la baisse des salaires et la fin de la réduction du temps de travail, dont rêve tout haut Laurence Parisot, qui ne réclame rien de moins que la suppression de la durée légale du travail, c'est-à-dire un retour à 1848, date de la première loi limitant la durée du travail ! Le surcroît de production irait alors gonfler toujours plus les profits et les dividendes des actionnaires, puisque les entreprises n'en réinvestissent pas l'intégralité. La rémunération de la rente s'accroîtrait encore au détriment de celle du travail.

La hausse des salaires ne pâtit d'aucune impossibilité d'ordre « technique ». La gauche a su organiser la baisse de la part des salaires dans la valeur ajoutée lors du tournant de la rigueur, en 1983. Elle a inauguré la désindexation des salaires sur les prix en modifiant les règles de fixation des rémunérations des salariés du secteur public, qui représentent plus du quart des travailleurs en France. Au cours de ces vingt-cinq dernières années, les « coups de pouce » au SMIC, concernant désormais 13,3 % des salariés (contre 11 % il y a dix ans), se sont également faits plus rares. Le patronat n'en attendait pas tant, pour obtenir la modération salariale dans les négociations de branche, face à des syndicats dont le pouvoir était affaibli par la montée du chômage. A l'heure où l'inflation salariale est vaincue, la gauche saurait tout aussi bien impulser un mouvement raisonnable, en sens inverse. Mettre un terme à la dégradation du pouvoir d'achat des salaires suppose que l'Etat organise le rétablissement de l'indexation des salaires sur les prix, en donnant l'exemple dans les entreprises et les administrations relevant de sa tutelle. Relever le pouvoir d'achat des bas salaires passe par une hausse du SMIC. Augmenter le pouvoir d'achat de tous les salaires nécessite un relèvement des minima de branche, ayant pour effet d'entraîner une revalorisation de tous les échelons de la grille de classification de chaque branche. La législation sociale autorise pour cela le gouvernement à utiliser le principe d'extension pour généraliser à tout le territoire un accord de ce type prévalant dans une branche. Enfin, une négociation salariale annuelle, sous l'égide du gouvernement, pourrait entériner l'indexation des salaires sur les gains de productivité de l'économie, liant ainsi systématiquement la hausse du pouvoir d'achat à celle des richesses produites, sans que les entreprises aient à jouer de l'inflation pour préserver leurs marges.

Les rabat-joie rétorqueront que les hausses de salaires sont devenues impossibles, face à la concurrence des pays d'Asie du Sud-Est, vers lesquels s'orientent de nombreuses délocalisations. Le maintien de bas coûts salariaux procure indéniablement un avantage compétitif qu'exploitent de nombreux groupes, qui sous-traitent leur production dans ces pays. Sur le terrain de la productivité, compte tenu des transferts technologiques en passe de s'achever en leur direction, les pays d'Asie du Sud-Est sont en voie de rattraper les pays occidentaux. Leurs travailleurs en revendiqueront tôt ou tard les retombées sur le terrain de l'élévation des normes sociales. En attendant, le meilleur moyen d'inciter les pays d'accueil des délocalisations à aligner vers le haut leurs normes sociales et à développer leur immense marché intérieur est, pour les pays européens, d'ériger des barrières douanières communes.

Les austères ne manqueront pas d'ajouter que la situation des PME sous-traitantes est moins florissante que celle des entreprises cotées donneuses d'ordre. Cette objection est recevable. Pour cette raison, il faut indéniablement développer un principe de progressivité applicable à la fiscalité des sociétés. Il faut aussi faciliter l'accès des PME au crédit. Une nouveauté dans le capitalisme actionnarial réside dans le fait que les grandes entreprises sous-traitent désormais l'exploitation des travailleurs aux PME. Au temps des Trente Glorieuses, les grandes entreprises, dirigées par des gestionnaires boulimiques, intégraient autant que faire se peut l'ensemble du processus de production. Désormais pilotées par des fonds de placement à l'œil rivé sur la rentabilité financière à court terme, elles externalisent les segments de production et les activités non rentables, pour se recentrer sur leur métier de base, tout en fusionnant avec leurs concurrentes détenant le même type d'actifs. La pression imposée par les actionnaires dissuade les investissements lourds (particulièrement dans le secteur des nouvelles technologies) dont l'horizon ne se situe pas sur le court terme. Cette pression conduit ces entreprises à se restructurer, à comprimer l'emploi et les salaires, à réduire leurs commandes en direction des PME sous-traitantes. Celles-ci sont mises en concurrence avec celles des pays à bas coûts. Pour survivre, elles sont sommées par leurs donneuses d'ordre de baisser leurs prix et donc de comprimer leurs coûts pour préserver leurs maigres marges. Les difficultés des PME sont alors instrumentalisées auprès des pouvoirs publics par les lobbyistes des grandes entreprises qui prônent une déréglementation du marché du travail. Déréglementation qui n'a d'autre but que d'affaiblir durablement le pouvoir de négociation des travailleurs, susceptible de s'accroître sur un marché du travail appelé à se tendre, avec la décrue de la population active.

La déflation salariale généralisée accentuera encore la perte de pouvoir d'achat des salariés.

Deuxième évidence : si les taux de marge des PME sont plus faibles, il n'en reste pas moins que globalement le partage salaire-profit, excessivement favorable aux profits, est devenu contre-productif. Parmi les pays développés, la France est le pays où la déformation du partage des revenus au détriment des salaires a été la plus accentuée. Contrairement à une idée reçue, le coût du travail est plus faible qu'en Allemagne, pays des excédents commerciaux. La modération salariale, consentie depuis un quart de siècle par les travailleurs, devait permettre de relancer l'investissement. La courbe des taux d'investissement est restée orientée à la baisse. Libéraux et conservateurs d'hier et d'aujourd'hui s'évertuent pourtant à attribuer cette panne d'investissements à ce qu'ils appellent un problème d'« offre rentable ». Ils théorisent que les entreprises ne peuvent offrir plus de biens sur le marché car la production serait entravée par l'insuffisance de profits et de ressources financières, par la fiscalité et par la législation sociale. Ils moquent les keynésiens dont ils réduisent, à tort, le propos à la seule redistribution, aux fins de relancer la consommation et d'assister les pauvres. On ne saurait redistribuer avant de produire ! clament-ils. Les politiques « de l'offre » se fixent par conséquent pour objectif d'accroître les profits et l'épargne disponible pour les entreprises sur les marchés boursiers. Elles fustigent la dette publique qui pèserait sur la capacité d'épargne des générations futures. Elles rêvent de supprimer l'impôt sur les sociétés qui amputerait abusivement les dividendes des actionnaires, déjà frappés par l'impôt sur le revenu. Elles condamnent l'ISF qui provoquerait l'évasion de ceux qui entreprennent et réussissent. Elles prônent enfin la flexibilité du marché du travail pour lever les freins à l'embauche que seraient le droit du travail et les « charges sociales ».

Indicateurs macroéconomiques habituellement utilisés pour décrire une économie contrainte « par l'offre », la main-d'œuvre d'une part (taux de chômage), les profits et l'épargne d'autre part (taux de marge, taux d'épargne) ne manquent pas. Ils attestent que les problèmes d'« offre », supposés être à l'origine de la « crise de la valeur-travail » et de la panne d'investissements française ont depuis longtemps disparu ! Des millions de travailleurs, désespérés, forment une file d'attente interminable sur un marché du travail toujours plus dégradé. Ils se résignent jour après jour à des conditions d'emploi de plus en plus précaires et à des salaires qui augmentent moins que les prix de leurs consommations de base [1]. Quant au taux d'épargne français (près de 16 % du PIB), il est l'un des plus importants du monde occidental « grâce » aux politiques ayant organisé la redistribution des revenus en faveur des ménages à hauts revenus et à forte propension à épargner. Les entreprises du CAC 40 disposent ainsi de fonds propres pour s'endetter et investir. Elles disposent de surcroît de marges d'autofinancement conséquentes, compte tenu de l'importance des profits qu'elles réalisent (près de 100 milliards d'euros en 2006 comme en 2007). Or contrairement à la prédiction faite il y a vingt-cinq ans par le chancelier Helmut Schmidt, les profits d'hier ne sont tou-

---

1. Le chiffre du chômage publié chaque mois par l'ANPE recense les personnes sans emploi, à la recherche d'un CDI à temps plein et ayant travaillé moins de 78 heures dans le mois. Elles forment les chômeurs de la catégorie 1 de l'ANPE, soit plus de 1 800 000 personnes. Si l'on prend en compte les sans-emploi résignés à la recherche d'un CDI à temps partiel (catégorie 2), d'un CDD (catégorie 3) et tous ceux qui ont occupé un emploi précaire de plus de 78 heures dans le mois (catégories 7, 8, 9), le nombre de chômeurs prêts à travailler aux conditions du marché, parfois les plus précaires, dépasse les 3 millions. Le chiffre de l'ANPE sous-évalue donc le nombre de chômeurs. Le taux de chômage qu'il indique, 8 %, est de surcroît inférieur de près d'un point au chiffre du chômage au sens du Bureau international du travail, construit à partir du croisement des données ANPE avec l'enquête « Emploi » de l'INSEE servant à la comparaison internationale. Le gouvernement a demandé à l'INSEE de ne plus publier ce dernier chiffre tous les mois, mais seulement tous les trimestres...

jours pas les investissements d'aujourd'hui, qui ne seront pas les emplois de demain.

Les économistes postkeynésiens[1] ont attiré l'attention sur le caractère autodestructeur de la norme de partage du gâteau qui prévaut dans le nouveau capitalisme français : 35 % pour les profits, 65 % pour les salaires (contre 26 % pour les profits et 74 % pour les salaires en 1983)[2]. Le fait majeur est que, selon les années, entre 50 % et 80 % des bénéfices des entreprises sont consacrés à la rémunération de la rente, sous forme d'intérêts et de dividendes. Une autre part des bénéfices est destinée aux achats et rachats d'actions qui alimentent la bulle spéculative. Par contre, une trop faible part des profits est consacrée à l'investissement, qui stagne littéralement dans notre pays. Dans les secteurs innovants, il ne représente que 15 % de l'investissement total (contre 45 % aux Etats-Unis). Cette panne d'investissements est liée à un déficit de dépenses des entreprises, qui n'acquièrent pas les biens d'équipement nécessaires et sont ainsi à l'origine d'une insuffisance de la demande globale[3]. Ce phénomène ne provient

---

1. Marc Lavoie, *L'Economie postkeynésienne*, La Découverte, 2004.
2. La part des salaires s'est réduite jusqu'à un plancher de 63,6 % de la valeur ajoutée en 1998, avant de remonter, pour se stabiliser autour de 65 %.
3. L'investissement est une dépense faite par les entreprises pour acquérir des biens d'équipement. Elle est une

nullement de l'insuffisante flexibilité du marché du travail. Il a pour cause la rigidité du marché du capital où le coût du capital est devenu exorbitant : la norme de rentabilité financière de 15 à 20 %, réclamée par les actionnaires, est telle que les dirigeants ne se risquent pas dans des investissements insolvables sur le court terme. L'investissement est d'autant plus atteint que les débouchés des entreprises s'amenuisent à proportion de la baisse du pouvoir d'achat des ménages. Or la consommation intérieure des ménages est plus que jamais, à l'heure où l'investissement patine, le principal moteur de la croissance. Les conséquences macroéconomiques de la baisse du pouvoir d'achat des ménages modestes (baisse également subie, désormais, par les classes moyennes inférieures) ne sont pas anodines dès lors que ces catégories consacrent l'intégralité de leur revenu à la

composante de la demande globale, au même titre que la consommation, dépense consacrée par les ménages à l'acquisition de biens de consommation courante. La France souffre avant tout d'une insuffisante dépense des entreprises, qui disposent pourtant des fonds propres et des capacités d'autofinancement nécessaires. Elle souffre aussi d'un positionnement intermédiaire de ses produits, entre les pays engagés dans une stratégie de compétitivité des prix et ceux, telle l'Allemagne, jouissant d'une compétitivité hors coût. Pour autant, le choix stratégique qu'elle entend désormais poursuivre dans « l'économie de la connaissance » est avant tout conditionné par la propension à investir de ses entreprises dans ce domaine.

consommation (leur propension à épargner est quasi nulle, compte tenu de la faiblesse relative de leur niveau de vie ; leur endettement ne cesse même de croître).

Le MEDEF ne cesse de proclamer que la baisse du pouvoir d'achat est « ressentie » et non pas réelle, chiffres de l'INSEE à l'appui. Parce qu'il représente une moyenne, l'indicateur de pouvoir d'achat du revenu disponible de l'INSEE ne rend en effet pas compte de la dégradation du pouvoir d'achat subie par l'immense majorité de la population. Or la répartition des revenus est devenue de plus en plus inégalitaire. Les hauts revenus ont littéralement explosé entre 1998 et 2005[1]. Pour les 5 % des foyers les plus riches, les revenus déclarés (*sic !*) ont progressé de 11 %. Pour 1 % des foyers, l'augmentation a été de 19,4 %. Pour le 0,1 % des foyers représentant le dessus du panier, elle a été de 32 %. Pour les 3 500 foyers les plus riches, soit 0,01 % des foyers, la hausse du revenu a été de 42,6 %. Dans le même temps, le revenu médian[2], de 1 480 euros mensuels par foyer en

---

1. Camille Landais, *Les Hauts Revenus en France (1998-2006) : Une explosion des inégalités ?*, Paris School of Economics, juin 2007.
2. Le revenu médian est le niveau au-dessous duquel (ou au-dessus duquel) se situe le revenu de la moitié de la population. Il se distingue du revenu moyen qui représente la moyenne des revenus de la population.

2005, stagnait, évoluant de 0,6 % par an. En bas de l'échelle, 7,1 millions de pauvres survivent désormais en France avec un revenu inférieur à 817 euros (correspondant au seuil de pauvreté de 60 % du revenu médian). Le revenu réel de la grande majorité des Français a donc baissé, en raison d'une inflation de 2 % par an. Pour une grande partie de la population, la perte de pouvoir d'achat est d'autant plus forte que l'indice des prix de l'INSEE est construit à partir de la pondération des biens entrant dans le panier de la ménagère. Cette pondération sous-estime notamment le poids du logement qui est devenu le premier poste budgétaire des ménages, alors que l'indice de l'INSEE le place en troisième position (sa part estimée dans la dépense des ménages est seulement de 13,7 % !), derrière les transports et l'alimentation.

Si l'on entre dans les détails, l'accroissement observable des inégalités est dû à l'explosion des très hauts salaires et des revenus du patrimoine au cours des dix dernières années, alors que les revenus de l'immense majorité de la population stagnaient. Les revenus des capitaux mobiliers se sont ainsi accrus de 31 % entre 1998 et 2005. Ils représentent 10 % du revenu des foyers les plus privilégiés, alors que les ménages modestes n'épargnent pas, faute de ressources suffisantes. Quant aux revenus salariaux, la progression du salaire moyen de 1,5 % par an depuis 1978, mise en évidence par l'INSEE, ne rend pas compte de la situation du nombre croissant de salariés subissant le travail précaire et bénéficiant donc d'un nombre inférieur de jours rémunérés. C'est pourquoi l'INSEE calcule désormais le revenu salarial net, en tenant compte du fait que la part des salariés qui ne sont pas à temps complet sur l'année (en CDD, intérim ou temps partiel) est de 31 %, contre 17 % en 1978[1]. Ce nouvel indicateur montre alors que le revenu salarial net moyen a stagné entre 1978 et 2000 et qu'il a baissé de 0,5 % entre 2000 et 2005 malgré les revalorisations du SMIC horaire. Ces moyennes masquent enfin des disparités salariales qui se sont accrues. Entre 1998 et 2005, le salaire de 90 % de la population ne s'accroissait que de 4 % quand l'inflation progressait de 13 % au total. Au cours de la même période, les 0,1 % des salariés les mieux rémunérés voyaient leurs salaires augmenter de 29 %. Le 0,01 % des plus hauts salaires bénéficiait d'une hausse de 41 %. Dans certaines entreprises cotées, la hiérarchie salariale s'échelonne désormais de 1 à 300 ! Pour ne pas paraître en dehors du coup, le nouveau président de la République décidait

---

1. Romain Aeberhardt, Julien Pouget, Anne Skalitz, « Le revenu salarial et ses composantes, évolution et inégalités de 1978 à 2005 », *Les Salaires en France, édition 2007*, INSEE.

une augmentation de 170 % de son propre salaire six mois après son élection !

« A chacun selon son mérite ! Telle est la devise de l'égalité des chances ! » entend-on déjà... « Vous autres socialistes, partisans de l'égalité, n'imaginez tout de même pas une société où le salaire serait identique pour tous ? ! » s'indignent les mêmes qui réclament l'égalisation des durées de cotisation pour les régimes de retraite...

L'égalité des chances est bel et bien à l'égalité ce que le Canigou est au foie gras. Pour sa part et pour autant qu'elle puisse justifier une réduction sévère des inégalités de revenus, la théorie économique de la valeur-travail ne débouche aucunement sur le plaidoyer en faveur d'un égalitarisme vulgaire, qui consisterait à verser le même salaire à l'ouvrier, au technicien et au dirigeant. Dans cette théorie, de même que la valeur d'un bien dépend de la quantité de travail nécessaire à sa production, la valeur d'un travailleur, intellectuel ou manuel, est liée au temps de travail requis pour le former. Comme il a fallu beaucoup plus d'années pour former un cadre qu'un technicien, et bien plus encore qu'un ouvrier spécialisé, le cadre jouit naturellement d'une rémunération supérieure. Les grilles de classification ont cette vocation de codifier en partie le principe de reconnaissance de la qualification des salariés, selon leurs niveaux de formation. Les inégalités de salaires sont donc fondées dans certaines limites. Mais ces limites sont désormais largement franchies par l'explosion des hauts salaires dont profitent des dirigeants qui perçoivent aussi les dividendes des titres qu'ils détiennent, sans compter les retombées des stock-options qui leur sont attribuées. Ces revenus de la rente financière ne proviennent d'aucun travail de leur part. Ils sont prélevés sur le travail des salariés exécutants. L'écart qui s'est accru entre les revenus du capital et les revenus salariaux est donc aussi économiquement infondé que la montée des inégalités de salaires. Que ceux qui prétendent défendre la valeur-travail mettent en place une politique fiscale en conséquence, qui redistribue et « euthanasie la rente », comme le suggèrent traditionnellement les keynésiens !

Pour ces derniers, les politiques « de l'offre » ont, au final, creusé les inégalités tout en se révélant incapables de rétablir le plein-emploi. L'insuffisance d'investissements des grandes entreprises, bénéficiant de taux de marge restaurés, l'excès d'épargne, alimentant la spéculation boursière et immobilière des nouveaux rentiers, et la baisse du pouvoir d'achat populaire sont les véritables freins à la croissance. Enfin, le déficit chronique de la balance commerciale est avant tout dû à la perte de compétitivité de nos entreprises résultant de leur défaut d'investissements. Il est aggravé par la politique monétaire de la Banque centrale européenne (BCE), conduisant à un euro surévalué par rapport au dollar. Ceci pénalise non seulement les entreprises qui exportent hors d'Europe, mais aussi celles qui subissent en Europe la concurrence des pays à monnaie sous-évaluée[1]. Malheureusement pour le pouvoir, le retournement de la conjoncture américaine, liée à la crise du crédit hypothécaire, et le troisième choc pétrolier noirciront encore plus l'horizon de la croissance française.

Les politiques « de l'offre » ont donc passé la corde autour du cou du pendu. Ses bourreaux proposent de la serrer davantage, alors que le pendu ne respire déjà plus. Faute de commandes, les employeurs de France ne seront pas en mesure d'offrir la possibilité aux travailleurs qui le désirent de faire des heures supplémentaires...

---

1. Si l'Allemagne n'en souffre guère car ses exportations sont relativement indépendantes du taux de change, une appréciation de 10 % de l'euro par rapport au dollar réduit le taux de croissance d'une proportion comprise entre un quart et un demi-point en France. Les industriels allemands commencent toutefois à s'inquiéter de l'appréciation continue du taux de change. La surévaluation de l'euro pénalise non seulement les exportations, mécaniquement plus onéreuses, mais détériore aussi la situation des PME qui sous-traitent pour les entreprises exportatrices. Elle conduit enfin des entreprises qui facturent en dollars, comme Airbus, à délocaliser leur production en zone dollar pour bénéficier de coûts inférieurs.

D'où cette troisième évidence : la baisse du coût relatif des heures supplémentaires par rapport au coût des heures normales est une fabrique à chômeurs. En théorie, elle incite les entreprises à allonger la durée de travail de leurs salariés en place, au lieu de recruter. En l'absence de commandes supplémentaires, elles ont même intérêt à remplacer des heures normales par des heures supplémentaires, c'est-à-dire à licencier les uns et à faire travailler les autres plus longuement. Pour autant, même détaxé, le coût de l'heure supplémentaire reste, par définition, supérieur au coût d'une heure normale. Les entreprises n'ont alors pas vraiment de raison d'accroître le volume des heures supplémentaires. La mesure relance uniquement le pouvoir d'achat des salariés déjà concernés par les heures supplémentaires, soit seulement 30 % des salariés, qui effectuent en moyenne 50 heures supplémentaires par an. Elle représente fondamentalement une aubaine pour leurs entreprises, puisqu'elle revient à légaliser le travail sans cotisations sociales, à l'instar du « travail au noir » dans l'économie souterraine... Le coût de cette offrande s'élève à 6 milliards d'euros, qui ont d'ailleurs été « budgétés » en référence au volume des heures supplémentaires observées l'année précédente ! Comme quoi le gouvernement lui-même n'escomptait aucun impact de cette défiscalisation en termes d'accroissement du volume des heures supplémentaires...

Enfin, dans la mesure où elle inclut la CSG, l'exonération d'impôts et de cotisations comporte un risque d'anticonstitutionnalité. La CSG est en effet un impôt qui, à ce titre, assujettit en principe au même taux les citoyens dotés des mêmes facultés contributives. Or, avec la réforme, deux personnes dont les facultés contributives sont équivalentes ne paient plus le même montant d'impôts (par exemple : un travailleur faisant des heures supplémentaires défiscalisées et un retraité, tous deux déclarant le même revenu)...

En fin de compte, cette « usine à gaz » aura pour principal effet de polluer les ressources de la Sécurité sociale, alors que le déficit du régime général atteignait déjà 12 milliards en 2007. Il est vrai que franchises médicales et TVA « sociale » étaient envisagées pour combler ce déficit...

Les chômeurs tu stigmatiseras

L es néo-conservateurs ont déclaré la guerre aux « assistés ». Sous l'influence de la culture protestante, prégnante dans le monde anglo-saxon, l'idéologie économique conservatrice considère la réussite comme le fruit du travail et le chômage comme le choix délibéré de la paresse. Elle vante les vertus de l'épargne parcimonieuse de l'argent gagné à la sueur de son front. Elle perçoit les intérêts et les dividendes engendrés par l'épargne comme la récompense de l'abstinence de la consommation, futile et inutile alors que l'épargne permet de financer des investissements. Travaillez, épargnez, touchez des dividendes ! Levez-vous tôt pour cela ! Ceux qui ne le veulent pas resteront pauvres. Peut-être y sont-ils même prédestinés ! Cette éthique protestante de la besogne, dont Max Weber[1] supputait l'influence sur le capitalisme rhénan, est en passe, dans les pays latins, de supplanter la tradition catholique de

---

1. Max Weber, *L'Éthique protestante et l'esprit du capitalisme*, Gallimard, 2004.

l'aide inconditionnelle à son prochain. Elle complète l'idéologie économique libérale selon laquelle le chômage résulte du calcul rationnel de chaque individu, mais n'est en aucun cas la conséquence de la défaillance du système capitaliste.

L'éthique de la besogne est désormais rebaptisée « réhabilitation de la valeur-travail ». Elle entend également supplanter la théorie socialiste de la valeur-travail qui, depuis Marx, avait démythifié le discours bourgeois sur le profit comme récompense du travail d'entrepreneur. Si le travail est seul créateur de valeur, le profit ne peut alors provenir que du prélèvement effectué sur une partie de la richesse produite par le travail pour rémunérer les actionnaires. Bref, les actionnaires ne produisent rien et les dividendes qu'ils perçoivent proviennent de l'exploitation des travailleurs, dépossédés d'une part de la richesse qu'ils ont produite. Le très libéral économiste classique Adam Smith admettait lui-même que le profit n'est point la rémunération d'un quelconque travail d'inspection et de direction. Or la nouvelle droite a réussi le tour de force de faire croire aux pauvres que les actionnaires étaient justement récompensés des fruits de leur travail de nouveaux rentiers.

A « gauche », récité en chœur par les apôtres de la « rénovation », le verset de la « lutte contre l'assistanat » était particulièrement équivoque dans les propos d'une candidate de tradition catholique, convaincue d'être investie d'une mission sociale ! Il entérine l'idée réactionnaire selon laquelle les chômeurs sont les profiteurs d'un système de protection sociale trop généreux qui les encourage à faire le choix de la paresse. Lorsque l'assurance chômage fut créée, les allocations étaient versées sous la condition d'avoir cotisé. Elles représentaient un salaire socialisé. Les chômeurs étaient des assurés sociaux, victimes du système économique lorsque celui-ci n'était pas en mesure d'assurer le plein-emploi. Les minima sociaux ont ensuite été créés et financés par l'impôt dans le cadre de la solidarité nationale, comme ultime soupape de sécurité pour les chômeurs en fin de droits. Désormais, le droit à l'indemnisation est assorti du devoir d'activité ou de formation, conformément aux recommandations de la stratégie européenne pour l'emploi. Pour faire la chasse aux « assistés », les agences pour l'emploi publiques (ou demain privées) sont chargées de placer les chômeurs et de les sanctionner en cas de refus des emplois proposés.

La philosophie qui sous-tend la proposition d'un Revenu de solidarité active faite par le haut commissaire à la Solidarité active Martin Hirsch, succombe à cette tentation idéologique qui doit choquer plus d'un compagnon du regretté Abbé Pierre. Le RSA consiste théoriquement à fusionner les minima sociaux et à rendre possible leur cumul avec le revenu procuré par un emploi précaire. Concrètement, il prend la forme d'un complément de revenu versé aux allocataires du RMI acceptant un emploi mal rémunéré. L'hypothèse faite par son promoteur est que les chômeurs seraient ainsi incités à travailler en acceptant n'importe quel emploi, précaire et sous-payé, comme les services à la personne et autres petits boulots à dix heures par semaine, dont Jean-Louis Borloo faisait la publicité lorsqu'il était ministre de l'Emploi et des Affaires sociales.

Une telle hypothèse est également à l'origine de la Prime pour l'emploi, inventée par les conseillers de Lionel Jospin pour distribuer du pouvoir d'achat aux pauvres, à condition qu'ils acceptent de travailler à bas salaires : le dispositif sous-entend que le chômage est avant tout dû à la « désincitation au travail » de certains individus. La Cour des comptes a dénoncé le faible impact redistributif et l'effet limité sur l'emploi de la PPE. D'une part, la PPE est peu redistributive car les chômeurs sont par définition exclus du bénéfice de la mesure. Les couples de smicards ne sont pas plus concernés car leurs revenus dépassent le seuil d'attribution du crédit d'impôt. D'autre part, l'effet de la PPE sur l'emploi est nécessairement marginal si les chômeurs qui désirent travailler ne trouvent pas d'employeurs ayant intérêt à les embaucher, même pour un salaire de misère (autrement dit, si le chômage est essentiellement « involontaire »). Ajoutons enfin que l'existence même de la PPE, comme instrument d'augmentation des bas revenus, bloque la négociation sur les bas salaires, que les entreprises peuvent désormais se passer de relever.

Le RSA n'est rien d'autre qu'une prime pour l'emploi réservée aux plus pauvres. Cette nouvelle mesure favorisant l'emploi précaire des RMIstes aboutira à modérer la progression du RMI en tant que tel et à réduire le pouvoir d'achat des pauvres qui ne peuvent pas travailler, comme les retraités à revenus modestes. Elle exclut les travailleurs pauvres employés à temps partiel long, dont la durée du travail hebdomadaire se situe entre 20 et 25 heures. Elle ne s'attaque en rien aux racines du chômage.

L'explication d'un chômage qui serait dû à la « désincitation au travail », causée par des aides publiques trop généreuses, est explicitement colportée par la théorie libérale du « chômage volontaire ». Selon le jargon consacré, celle-ci considère que tout travailleur qui accepte de baisser ses prétentions salariales trouve forcément un employeur ayant intérêt à l'embaucher. Tous ceux qui le souhaitent peuvent toujours travailler ! S'ils ne travaillent pas, c'est qu'ils préfèrent le « loisir[1] » et l'assistance, compte tenu du faible gain que procure l'emploi par rapport aux allocations chômage ou aux minima sociaux ! Il faut donc rendre le système de revenus de remplacement plus « incitatif à la reprise d'emploi »...

Cette théorie n'en est pas moins démentie par les études de l'INSEE effectuées sur les cohortes de chômeurs, indiquant qu'à choisir ces derniers préfèrent le pied à l'étrier que représente l'emploi, même si le gain pécuniaire est faible ! Elle est également contredite par les économistes keynésiens pour qui le chômage est au contraire « involontaire » : les travailleurs sont les victimes d'un système économique incapable d'assurer le plein-emploi. Ils ont beau accepter les conditions les plus précaires du marché du travail, les entreprises n'ont aucune raison d'accroître l'embauche, puisqu'en n'investissant pas elles engendrent elles-mêmes une demande insuffisante. Encore une fois, le point de croissance qui manque aujourd'hui n'est aucunement dû à la paresse des travailleurs mais au refus de dépenser des entreprises, qui réalisent pourtant des bénéfices.

---

1. Le concept plus châtié de « loisir » est le terme consacré pour désigner la paresse chez les économistes.

La « lutte contre l'assistanat » substitue à la lutte contre le chômage la lutte contre les chômeurs. Elle est la version française de la logique du *workfare* anglo-saxon qui stigmatise le chômeur, coupable de refuser de travailler. Outre-Manche, les chômeurs sont obligés d'occuper une activité et, bien plus qu'en France, de prouver leur volonté de retrouver un emploi, sous peine de perdre leurs allocations. Les plus modernes des néo-conservateurs inscrivent cette logique du *workfare* dans le cadre de la promotion de l'égalité des chances, contre l'égalité. Or l'égalité des chances est cette valeur libérale qui a pour corollaire l'acceptation des pires inégalités qui sont dès lors perçues comme la sanction, sur le marché, de l'échec des projets individuels. Tout le monde sur la même ligne de départ ! Les plus talentueux gagnent la compétition. Ils se voient naturellement décerner la récompense pécuniaire et le droit de propriété sur toute chose qu'ils sont alors en mesure d'acquérir. Ils peuvent aussi s'offrir privativement santé et éducation. Ceux qui ont échoué seront secourus par des politiques publiques recentrées sur le principe d'équité, incarné par les politiques de discrimination positive en leur faveur. Les plus démunis, et eux seuls, bénéficieront de l'assistance publique pour rester dans la course et tenter leur chance à nouveau, à condition de faire preuve de leur volonté de poursuivre leur chemin de croix.

La « lutte contre l'assistanat » a déjà pour effet de détruire tous les instruments de redistribution de l'Etat social ! Au pays de Max Weber, le théoricien de l'éthique de la besogne, c'est au nom de cette fameuse lutte que la grande coalition SPD-CDU a réduit la durée et le montant des indemnités chômage. Réuni en congrès fin octobre 2007, le SPD regrettait déjà de s'être fourvoyé dans cette direction. En France, une fois instauré le Revenu de solidarité active, il ne restera plus qu'à montrer du doigt ceux qui échouent à s'insérer dans l'emploi pour durcir les conditions d'accès au secours public.

La précarité tu répandras

P rêché par des apôtres des deux rives, le paradis d'un compromis « gagnant-gagnant », réconciliant les travailleurs avec l'entreprise, n'est pas tombé du ciel. Il est né des réflexions menées autour du concept de « flexicurité », associé aux nouvelles politiques de l'emploi dont les lignes directrices ont été tracées par la Commission européenne en application de la stratégie adoptée au Sommet de Lisbonne en mars 2000[1]. L'objectif affiché de

---

1. Voir les Conclusions de la Présidence, Conseil européen de Lisbonne, 23 et 24 mars 2000. La stratégie de Lisbonne fut renouvelée lors du Conseil européen de juillet 2005, à la suite duquel la Commission européenne formula huit lignes directrices pour la période 2005-2008. Celles-ci sont désormais parties prenantes de « Lignes directrices intégrées pour la croissance et l'emploi » combinant les « Lignes pour l'emploi » et les « Grandes Orientations de politiques économiques » où l'on retrouve notamment des recommandations en faveur de « politiques budgétaires saines » et de « marchés ouverts et compétitifs ». Dans le cadre de la « Méthode ouverte de coordination », pour « assurer une plus grande convergence au regard des objectifs de l'UE », les gouvernements sont tenus de rendre compte à la Commission européenne de

51

cette stratégie est de faire de l'Europe une zone
« hautement compétitive », tirée par une forte
croissance exploitant les potentialités de l'économie « fondée sur la connaissance » (celle qui
s'appuie sur les nouvelles technologies de l'information et de la communication). Pour cela,
ses promoteurs avancent qu'un marché du travail « moderne » doit être « flexible », pour
favoriser la mobilité des travailleurs, tout en
« sécurisant leurs parcours professionnels[1] ».

Dans un jargon indigeste, la stratégie de Lisbonne s'abrite derrière un certain fétichisme
technico-financier pour justifier un choix de
société néo-libéral. Nombre de rapports (Cam-
dessus, Attali...) ont tenté de brasser l'air du
temps pour la rendre populaire. La stratégie de
Lisbonne est intégralement centrée sur « l'of-

---

l'application des lignes directrices dans un « Rapport de
suivi du programme national pour l'emploi ».
 1. Le modèle danois est parfois présenté comme l'incarnation de cette stratégie. Il n'a au demeurant rien de
moderne puisqu'il émergea en 1899 lorsque les syndicats
étaient condamnés à accepter la flexibilité de l'emploi.
Dans le modèle danois, la liberté de licencier est totale. La
nouvelle droite française ne manque pas de souligner que
ce modèle inclut désormais une TVA « sociale ». Elle omet
généralement d'indiquer qu'au Danemark la durée d'indemnisation du chômage est de quatre ans, que le taux
d'indemnisation est fort, que le taux de prélèvement obligatoire est le plus élevé d'Europe et que l'impôt sur le
revenu occupe une place déterminante.

fre ». Aucun engagement financier des Etats n'est prévu, dans la mesure où la stratégie de Lisbonne est adossée à des politiques macroéconomiques antikeynésiennes recherchant l'équilibre budgétaire par la compression des dépenses publiques. La stratégie de Lisbonne repose essentiellement sur l'ouverture à la concurrence sur le marché des biens et services, et sur la « réforme structurelle » du marché du travail. En la matière, les lignes directrices pour l'emploi recommandent d'une part de poursuivre la baisse du coût du travail [1], dont l'excès est perçu comme la cause essentielle du marasme de l'emploi. D'autre part, comme les vieilles théories libérales, la stratégie de Lisbonne sous-entend, en des termes nouveaux, que le chômage est en grande partie « volontaire ». Du coup, l'économie ne peut produire plus, en raison d'une pénurie d'individus prêts à travailler aux conditions du marché. Puisqu'il existe une masse relativement incompressible de chômeurs volontaires et « inemployables » (qu'il faut néanmoins à tout prix inciter à travailler et à se former), la stratégie de Lisbonne suggère d'accroître le volume de la population active (c'est-à-dire le nombre de ceux qui désirent travailler) et de substituer à l'objectif traditionnel de baisse du

---

1. Ligne directrice pour l'emploi et la croissance 2005-2008 n° 22.

chômage celui de hausse du taux d'emploi (la part de la population totale au travail). Cet objectif est présumé d'autant plus nécessaire que l'insuffisance du taux d'emploi compromettrait la viabilité des régimes de retraite, menacés par la dégradation du rapport actif-inactif. Pour mettre au travail chômeurs et inactifs, les lignes directrices pour l'emploi invitent donc à « rendre le travail financièrement attrayant pour les demandeurs d'emploi[1] » (la hausse du salaire étant proscrite, il faut pour cela réduire la durée et le montant des indemnités chômage) et à accroître particulièrement le taux d'emploi des femmes et des seniors.

La nouveauté de la stratégie de Lisbonne à l'égard des anciennes théories libérales est qu'elle tient compte des effets sur la croissance du progrès technique induit par l'investissement dans « l'économie de la connaissance ». La stratégie de Lisbonne affirme sa foi dans les effets bénéfiques de la concurrence sur l'innovation dans tous les secteurs. L'ouverture à la concurrence doit être achevée sur les marchés de l'énergie, des postes et des transports, afin que « le marché intérieur soit pleinement opérationnel[2] ». La concurrence doit favoriser le dévelop-

---

1. Ligne directrice pour l'emploi et la croissance 2005-2008 n° 20.
2. Conclusions de la Présidence, Conseil européen de Lisbonne, 23 et 24 mars 2000.

pement du réseau électronique, primordial pour le commerce électronique. « Le marché des télécommunications doit être pleinement intégré et libéralisé[1]. » La stratégie de Lisbonne propose donc de « réduire le niveau général des aides de l'Etat » pour éviter de fausser la concurrence. Elle suggère d'« assainir les finances publiques[2] » et de « réorienter les dépenses vers l'accumulation en capital physique et humain, l'innovation et la recherche ». Loin d'être impulsé par un investissement public massif, « le nouvel objectif stratégique reposera essentiellement sur le secteur privé et sur des partenariats entre les secteurs public et privé[3] ». Pour développer les investissements dans la « nouvelle économie », des marchés financiers « efficaces et intégrés » joueront donc un rôle essentiel pour « favoriser l'accès le plus large possible aux capitaux d'investissement à l'échelle de l'UE[4] ». D'autres réformes sur le marché du travail, enfin, devront organiser l'adéquation de la main-d'œuvre aux nouvelles compétences techniques requises par la formation et favoriser la mobilité de l'ancienne vers la nouvelle économie. Compte tenu de l'avènement de la « nouvelle économie », le

---

1. *Ibid.*
2. *Ibid.*
3. *Ibid.*
4. *Ibid.*

problème du marché du travail serait essentiellement un problème d'« appariement » entre offreurs de travail (les travailleurs) et demandeurs de travail (les entreprises qui se dotent des nouvelles technologies). Les lignes directrices pour l'emploi proposent donc de « favoriser la flexibilité des marchés du travail[1] » dans toute l'Europe pour encourager la mobilité vers les secteurs porteurs et de développer la « formation tout au long de la vie ». Les périodes de chômage indemnisé doivent, par conséquent, être assorties d'une formation afin de permettre l'adaptation du « capital humain[2] » des chômeurs aux nouvelles technologies. « Des actions prioritaires pour des groupes-cibles déterminés » doivent être menées dans le cadre de politiques de discrimination positive de lutte contre l'exclusion pour assurer l'égalité des chances. Enfin, la stratégie de Lisbonne fixe des objectifs en termes de dépenses consacrées à la recherche, en misant surtout sur l'engagement des entre-

---

1. Ligne directrice pour l'emploi et la croissance 2005-2008 n° 21. La ligne directrice n° 21 ajoute toutefois qu'il faut veiller, malgré l'impératif de flexibilité, à « réduire la segmentation du marché du travail en tenant dûment compte du rôle des partenaires sociaux ». Une fois décodé le jargon, elle suggère la création d'un contrat de travail unique, nécessairement plus « souple » que l'actuel CDI français, pour s'avérer compatible avec l'objectif de flexibilité...
2. Ligne directrice pour l'emploi et la croissance 2005-2008 n° 23.

prises privées dans ce domaine. Elle invite à « adapter les systèmes d'éducation et de formation aux nouveaux besoins en matière de compétences[1] ».

L'adaptation à « l'économie de la connaissance » est devenue l'alibi de mesures organisant la régression sociale à travers la flexibilité du marché du travail, sans que l'efficacité économique promise soit en vue. La stratégie de Lisbonne attribue toutefois à la formation les vertus thérapeutiques qui guériraient miraculeusement du chômage en « sécurisant les parcours professionnels » des individus[2]. Selon la théorie économique de la valeur-travail, la valeur d'un travailleur dépend du temps qu'il a fallu pour le former. La formation continue et la validation des acquis sont, dans cette optique, revendiquées par les syndicats comme moyens d'ac-

---

1. Ligne directrice pour l'emploi et la croissance 2005-2008 n° 24.

2. En France, le volet « sécurité » de la « flexicurité » est incarné par la généralisation des Contrats de transition professionnelle, expérimentés dans quelques bassins d'emploi par Jean-Louis Borloo, lorsqu'il était ministre de l'Emploi et des Affaires sociales. Ces contrats sont signés par les victimes de plans sociaux, avec les agences pour l'emploi. Les chômeurs sont indemnisés à 80 % de leur salaire pendant deux ans et tenus de suivre une formation. Les agences pour l'emploi sont chargées du suivi de leur formation, de leur réinsertion et de leur sanction en cas de refus des emplois proposés.

croître la valeur de la force de travail et donc le salaire auquel un travailleur mieux formé peut prétendre. C'est comme instrument de promotion sociale que les syndicats acceptent de négocier le droit à la formation tout au long de la vie. Malheureusement, une main-d'œuvre formée n'est pas une main-d'œuvre nécessairement employée. Les grandes entreprises donneuses d'ordre de la « nouvelle économie », déjà particulièrement prospères et bénéficiant de nombreuses incitations fiscales, distribuent leurs profits aux actionnaires sans investir. Elles n'accroissent donc pas leurs commandes en direction des PME sous-traitantes. En panne de croissance, l'économie ne crée pas les emplois espérés dans l'eldorado de « l'économie de la connaissance » par les 3 à 5 millions de chômeurs que l'on fustige désormais comme autant d'« assistés », placés dans l'obligation de se former et soupçonnés de refuser de travailler. Les seuls emplois vacants, dont le total n'excède pas 400 000, se situent dans des secteurs aussi traditionnels que le bâtiment ou la restauration... que Brice Hortefeux est chargé d'attribuer à des immigrés choisis parmi l'immense armée de réserve industrielle mondiale. Une flexibilisation accrue du marché du travail fragilisera alors les salariés, et particulièrement les plus jeunes d'entre eux, en abaissant la protection que représente encore le contrat de travail à durée indéterminée.

A cet égard, le taux de chômage des 18-24 ans est à chaque instant brandi comme indicateur de la rigidité du marché du travail par les pourfendeurs du code du travail, dont Denis Gautier-Sauvagnac devait être le porte-parole dans la négociation préalable à la réforme du contrat de travail. Le taux de chômage des jeunes, de 21,5 %, paraît élevé, mais cet indicateur est trompeur car il n'est calculé que sur l'effectif du tiers des jeunes, sortis du système scolaire. L'indicateur n'inclut pas au dénominateur les jeunes encore scolarisés, plus nombreux en France que dans d'autres pays en raison de la priorité donnée dans notre pays au maintien des jeunes en formation longue. Si l'on prend en compte, comme il se doit, le ratio rapportant le nombre de jeunes chômeurs à l'ensemble de la classe d'âge des 18-24 ans, celui-ci tombe à 8 %. Il se situe dans la moyenne européenne (7,5 %)[1]. Le

____

1. L'écart avec le taux de chômage toutes classes d'âge confondues s'explique, pour moitié, parce que les jeunes doivent affronter le problème de l'insertion : la recherche d'un premier emploi dure en moyenne six mois. Par ailleurs, comme premier emploi, un tiers des jeunes occupe un emploi temporaire et 36 % seulement obtiennent un CDI. Le chômage des jeunes est plus sensible aux variations de la conjoncture car ces derniers sont moins insérés que les adultes dans l'emploi protégé. Par contre, les épisodes de chômage sont plus courts que chez les adultes.

phénomène majeur, tu par les promoteurs de la
« séparation à l'amiable[1] » dès 18 ans, est que
70 % des jeunes actifs occupent un CDI trois
ans après leur entrée sur le marché du travail[2].
Le tableau de l'insertion des jeunes ne doit pas
être inutilement noirci, comme la droite a tenté
de le faire pour promouvoir le CPE et l'autonomie des universités, parfois justifiée au nom de
l'application de la stratégie de Lisbonne... Plus
généralement, les études faites par l'OCDE indiquent qu'il n'existe aucune relation entre le
degré de protection des travailleurs dans la législation sociale et le chômage. L'existence d'un
CDI n'empêche d'ailleurs pas le marché du travail français d'être plus flexible que le marché
danois, qui sert de référence en matière de
« flexicurité ». Le taux de rotation de la main-
d'œuvre est plus élevé en France : quatre travailleurs sur dix changent d'emploi dans l'année
contre trois sur dix au Danemark. L'existence
du CDD et d'autres formes particulières d'emploi, à côté du CDI, permet déjà aux entreprises
de disposer de « souplesse ». Malgré la précari-

____

1. Il s'agit du nouveau principe obtenu par le MEDEF
pour « assouplir » le CDI.
2. Trois ans après être entrés sur le marché du travail,
la proportion de jeunes en CDI par niveau de formation
est la suivante : 52 % des jeunes non qualifiés, 68 % des
titulaires d'un BEP ou d'un CAP, 66 % des Bac et Bac + 2,
76 % des diplômés de deuxième cycle universitaire, 85 %
des titulaires d'un diplôme de troisième cycle.

sation de l'emploi, la durée moyenne d'ancienneté dans l'emploi est restée stable et le CDI demeure la norme (87 % de l'emploi total) pour les entreprises qui souhaitent conserver leur main-d'œuvre qualifiée. La panne d'emplois que subit la France est avant tout due à une situation de croissance ralentie, entretenue par des politiques « de l'offre », incapables de relancer l'investissement et de préserver le pouvoir d'achat populaire. L'octroi d'un droit à la formation permet tout au plus à ses bénéficiaires de doubler leurs congénères dans la file d'attente des chômeurs.

Pour la gauche, tentée de faire de la « flexicurité » son unique cheval de bataille contre le chômage, l'application sans aucun principe de précaution de la stratégie de Lisbonne risque d'aboutir à une compromission « perdant-perdant ». Perdant pour le salarié, auparavant protégé par le contrat de travail à durée indéterminée, perdant pour le chômeur, suspecté de refuser le travail, ou d'échouer à se reconvertir, malgré les efforts consentis par les aides publiques pour « lutter contre l'assistanat »...

Les vieux tu feras travailler

Il y a quelque chose de paradoxal à soutenir, comme tous les « bien-pensants », que la pénibilité du travail doive devenir la base du calcul de la durée des cotisations, et à condamner dans le même temps les régimes spéciaux de retraite qui sont, précisément, l'incarnation de ce principe. La loi Fillon de 2003 prévoit elle-même un rendez-vous en 2008 pour reconsidérer les régimes de retraite en tenant compte de la pénibilité du travail. En toute rigueur, la négociation métier par métier accoucherait donc d'autant de... régimes spéciaux ! Conséquence logique, sauf à considérer que tous ceux qui travaillent, quel que soit leur métier, doivent être rémunérés au même salaire, ce qu'aucun promoteur d'une réforme des régimes spéciaux réalisée au nom de l'« équité » n'ose envisager...

Dans les régimes spéciaux, qui ne concernent pas plus de 2 % des actifs, la durée de cotisation donnant accès à une retraite à taux plein était encore de 37,5 annuités, le taux de cotisation salariale est en général plus faible, mais le taux de remplacement (c'est-à-dire le montant de la pension rapporté au dernier salaire) est moins avantageux que dans le régime général. Le régime spécial des cheminots, plus que celui des parlementaires ou des agriculteurs, fut la cible la plus visible du Premier ministre. Les cheminots sont pourtant loin d'être des privilégiés. Avant la réforme, le taux de remplacement de la pension d'un non-cadre était de 61 % du salaire chez les cheminots, inférieur au taux de 71 % du régime général. A la SNCF, bien que le calcul de la pension s'opérait sur les six derniers mois, contre les vingt-cinq meilleures années dans le secteur privé, ce taux de remplacement inférieur est dû au fait que les pensions des cheminots étaient calculées à hauteur de 88 % de leur rémunération (les primes n'étaient pas intégrées dans le calcul des pensions) alors que le salaire intégral est la base de calcul dans le secteur privé. De plus, comme l'âge de départ à la retraite est fixé à 50 ans chez les agents de conduite (et 55 ans chez les sédentaires), aucun cheminot ayant débuté à 18 ans ne parvenait à cotiser 37,5 années pour toucher une retraite à taux plein. Enfin, contrairement à d'autres régimes spéciaux, le taux de cotisation salariale non-cadre était plus important que dans le régime général ; il était de 7,85 %, contre 6,55 % pour le régime général. Le taux de cotisation patronale, de 26,4 %, était plus important que celui du régime général, de 8,2 %.

Le principal problème d'un régime spécial de ce type tient dans la faiblesse du rapport actif-inactif. A la SNCF, un actif finance deux retraités. Les projections du Conseil d'orientation des retraites indiquent cependant que d'ici à 2040, le ratio pourrait être de un pour un (en raison de la baisse du nombre de pensionnés) et que l'équilibre financier serait assuré dès 2020. D'ici là, les cotisations ne suffiraient pas à couvrir le financement du régime. D'ailleurs, les cotisations sociales représentent seulement 38 % du financement du régime. La compensation opérée par le régime général représente 11 % et l'Etat finance les 50 % restants, à hauteur de 2,9 milliards. Les syndicats auraient sans doute accepté de négocier une augmentation du taux de cotisation salariale. L'allongement de la durée de cotisation fut malheureusement la solution idéologique imposée au nom de l'« équité », assortie à la baisse du pouvoir d'achat des pensions, indexées sur les prix, et non plus sur les salaires. Mais le fait essentiel est que, malgré l'allongement de la durée de cotisation, nombre de salariés de la SNCF ne parviendront pas au bout des 40 années de cotisation. Les retraites ont en effet été un moyen de moderniser l'entreprise aux frais de l'Etat et du régime général sans licencier. De nombreux métiers, tels que les garde-barrières, ont disparu, des gares et des lignes ont été fermées et les gains de productivité recherchés avec l'informatisation et l'automatisation des guichets se sont traduits par des suppressions de postes, invisibles dès lors qu'ils prennent la forme de départs à la retraite autour de 54,1 ans en moyenne. Dans le secteur privé, l'âge moyen de départ à la retraite est resté à 58,9 ans (la durée moyenne de cotisation est toujours de 37 ans !), malgré la réforme Balladur, car les entreprises remercient aussi leurs seniors pour réduire leurs coûts salariaux (les seniors ont des salaires plus élevés et une productivité présumée plus faible que les nouveaux entrants). Dans ces conditions, à la SNCF, où les efforts de productivité et de minimisation des coûts continueront à être de mise, l'allongement de la durée de cotisation revient comme dans le secteur privé, à écarter un nombre croissant d'agents âgés du bénéfice d'une retraite à taux plein, en raison de l'application d'une décote par annuité manquante. Dès lors que la durée de cotisation est portée à 40 annuités, la pension moyenne d'un cheminot que la SNCF continuera à faire partir entre 50 et 55 ans (et qui n'aura donc pu cotiser 40 ans) aurait été réduite de 10 % avec la décote, en l'absence de résistance des cheminots. A l'issue du conflit, en recherchant dans la négociation comme contrepartie le maintien du niveau des pensions[1], les syndicats ont essayé de vider, dans la mesure du possible, la réforme de sa substance.

Au final, l'économie réalisée par l'Etat ne dépassera pas 200 millions d'euros par an. La dramatisation à outrance du dossier des régimes spéciaux, jouée par François Fillon, avait-elle un autre but que de provoquer un conflit hautement symbolique, digne de celui par lequel Margaret Thatcher vint à bout de la grève des mineurs ? Leur défaite avait ouvert la voie à dix ans de néo-conservatisme, auxquels succéda le blairisme, en guise d'alternance... On ne s'étonnera pas que certains « modernisateurs de logiciel socialiste » n'aient « aucun tabou » à accepter l'alignement des régimes spéciaux sur le régime général hérité des réformes réalisées par Balladur, puis Fillon, en 1993 et 2003, imposant aux salariés du privé, puis du public, de cotiser plus pour gagner moins[2]. Le MEDEF

---

1. La transformation d'une partie des primes en treizième mois, notamment obtenue dans la négociation, a pour effet d'accroître le taux de remplacement.
2. Dans le secteur privé en 1993, puis dans le secteur public en 2003, la durée de cotisation a été portée à 40 ans,

en profita pour réclamer un recul de l'âge de la retraite pour tous les salariés, encouragé dans cette voie par la stratégie de Lisbonne. La création d'un CDD senior, la suppression des dispositifs de cessation anticipée d'activité, l'idée d'un système de bonus/malus modulant les cotisations sociales de sorte que les entreprises utilisent des salariés de plus de 54 ans, les incitations au cumul emploi-retraite et l'allongement de la durée de cotisation en sont des déclinaisons. Dans la perspective du rendez-vous de 2008 prévu par la loi Fillon de 2003, la Commission de garantie des retraites recommande déjà l'allongement de la durée de cotisation à 41, voire 42 ans pour le régime général. Ceux qui veulent ainsi faire travailler les personnes âgées considèrent que la panne de croissance est avant tout due, en France, à la

---

avec application d'une décote par annuité manquante, amputant le montant de la pension (et d'une surcote majorant la pension en cas de dépassement de 40 ans de cotisation). Dans le secteur privé, le taux de remplacement a été significativement réduit par le calcul des pensions sur la base des vingt-cinq et non plus des dix meilleures années. Dans le secteur public, les six derniers mois sont restés la base du calcul des pensions, à l'issue de la grève de 2003 (le gouvernement Raffarin voulait porter la base du calcul des pensions aux trois meilleures années). Dans les deux secteurs, l'évolution du pouvoir d'achat des retraites est entamée année après année par l'indexation des pensions sur les prix et non plus sur les salaires. Le pouvoir d'achat des retraites du secteur privé s'est ainsi réduit de 20 % en quinze ans.

faiblesse du taux d'emploi, particulièrement chez les jeunes (invités à travailler à temps partiel pendant leurs études !) et chez les seniors. L'économie ne peut pas produire plus parce que nos vieux, explique-t-on, ne travaillent pas et préfèrent la retraite. Le financement des retraites pèse alors sur les « charges » des entreprises et réduit leur compétitivité. Il faut donc réformer les retraites, inciter les vieux à travailler, allonger la durée de cotisation et réduire les taux de remplacement pour éviter d'augmenter les cotisations patronales, développer les retraites par capitalisation, répète-t-on à chaque sommet européen...

Comme nous l'avons vu, le taux d'activité des seniors est plus faible en France parce que les entreprises se débarrassent de leurs seniors dont la productivité est réputée décroissante pour un coût salarial croissant. 470 000 inactifs sont ainsi en préretraite, cessation anticipée d'activité ou dispense de recherche d'emploi. Les incantations à l'allongement des taux d'activité sont donc illusoires. L'obligation de cotiser plus longtemps aura pour conséquence l'augmentation du nombre de personnes ne touchant pas une retraite à taux plein. En révision, le gouvernement pouvait-il retarder la revalorisation du minimum vieillesse dont le pouvoir d'achat n'a cessé de se dégrader ! Le taux d'emploi des seniors plafonne à 37,8 % loin de l'objectif des 50 % en 2010 fixé par la stratégie de Lisbonne. Malgré sa flexibilité et ses « charges » allégées, le CDD senior est un échec total : seule une vingtaine de contrats ont été signés en 2007 ! Est-il d'ailleurs souhaitable qu'une société de progrès, où les gains de productivité potentiellement élevés permettent de réduire la peine au travail (la peine hebdomadaire, et celle tout au long de la vie), fasse travailler plus longtemps ses anciens alors que trois millions de chômeurs frappent aux portes de l'emploi ? L'avancement de l'âge de la retraite est aussi une mesure de réduction du temps de travail étalée tout au long de la vie, qui participe du projet ô combien progressiste, rendu possible par le progrès technique, de remplacer peu à peu le gouvernement des hommes par l'administration des choses.

Le problème du financement des régimes de retraite par répartition relève alors d'un problème classique de « partage du gâteau », dans la mesure où ces régimes sont financés par des cotisations sociales assises sur le salaire. Selon le rapport du Conseil d'orientation des retraites (COR) de 2003, la part du PIB nécessaire pour équilibrer le régime de retraite par répartition doit croître de 6,5 % d'ici à 2040 (elle doit passer de 12 à 18,5 % du PIB), sous les hypothèses d'une croissance annuelle modérée, de 1,75 %, et d'un taux de fécondité, relativement faible, de 1,8 enfant par femme, celui-ci conditionnant le niveau de la population active. Pour parvenir à cet objectif, l'allongement de la durée de cotisation et la baisse des taux de remplacement reviennent à faire porter les efforts sur les seuls salariés. Il y a d'autres solutions possibles. Le relèvement des cotisations sociales (également évoqué par le COR[1]) ou l'élargissement de l'assiette de financement des retraites (à l'instar d'expériences étrangères) sont également envisageables du point de vue de l'équité. Elles reviennent à raboter un tant soit peu la part des profits, grands bénéficiaires du partage du gâteau de ces vingt-cinq dernières années, en les faisant contribuer à l'effort national en faveur de nos retraités. Toutefois, l'« effort » que l'on demanderait ainsi aux actionnaires (ou, à défaut, une nouvelle fois aux salariés) pourrait être relativisé car les hypothèses démographiques et économiques retenues par le COR sont des hypothèses si « basses » que le COR a lui-même été amené à les réviser en 2007. Les projections quant à l'évolution de la population active ont ainsi été revues à

---

1. Sous les hypothèses admises en 2003, il fallait selon le COR une hausse de 0,37 point de cotisations sociales par an jusqu'en 2040 (à répartir entre salariés et employeurs) pour assurer le niveau des pensions sans réduire leur taux de remplacement.

la hausse, notamment parce que le taux de fécondité français s'approche désormais du taux irlandais (plus de 2 enfants par femme) et que le recours à l'immigration est plus important que prévu. Sous ces nouvelles hypothèses, le rapport actif-inactif se détend et le besoin de financement du système par répartition ne requiert plus que 2 à 5 points de PIB supplémentaires à l'horizon 2050. Ajoutons à cela que le taux de croissance potentiel (le taux que permettraient d'atteindre les capacités de production en hommes et en machines) est supérieur à 3 %. Des investissements dans les secteurs innovants seraient même susceptibles de l'accroître. Par conséquent, la reprise de l'emploi, liée à une croissance plus soutenue, engendrerait une hausse de la masse salariale qui induit mécaniquement une augmentation des recettes des régimes de retraite. Encore faut-il que la France ne se condamne pas à adopter des politiques économiques incapables de faire décoller la croissance.

En l'état actuel des choses, les régimes par répartition sont en vérité menacés par une croissance molle et par la stagnation, à un niveau trop faible, de la part des salaires dans la valeur ajoutée ; ces deux facteurs réduisent la taille de la part du gâteau à partager entre actifs et inactifs. Doit-on répéter que la part des salaires dans la valeur ajoutée s'est réduite de 10 points au cours de ces vingt-cinq dernières années et qu'à l'exception des années fastes 1988-1991 et 1998-2001, la croissance annuelle moyenne a difficilement atteint les 2 % ? Les politiques dites de « rigueur » monétaire, budgétaire et salariale, poursuivies au cours de cette période, ne sont pas étrangères au creusement du déficit des régimes sociaux et à la montée de l'endet-tement public...

« Je suis à la tête d'un Etat en situation de faillite ! Depuis vingt-cinq ans, aucun gouvernement n'est parvenu à présenter un budget équilibré. » Irrévérencieuse à souhait à l'endroit de Nicolas Sarkozy, qui fut ministre du Budget lorsque la dette prit son envol sous le gouvernement Balladur, cette tirade de François Fillon, lancée au moment de la présentation du projet de loi de finances 2008, n'avait pour but que de justifier la compression prévue des dépenses publiques. Elle trahissait aussi un certain doute quant à l'effet sur la croissance que devait engendrer le choc fiscal issu du « paquet » voté au cours de l'été qui a suivi la victoire des nouveaux conservateurs. En l'absence de reprise de la croissance, les rentrées fiscales feraient défaut. L'accroissement prévisible du déficit ne pouvait que rendre le Premier ministre sceptique quant à la capacité de la France à réduire sa dette et à honorer son engagement européen à respecter le pacte de stabilité. Devenu subitement impuissant huit mois après son couronnement, Nicolas Sarkozy faisait cet aveu : « les caisses sont vides ».

La dette publique[1] a augmenté de 6 % par an depuis vingt-cinq ans, et notoirement depuis 1993, alors que la production nationale en volume ne s'accroissait en moyenne que de 2 % par an. Sa résorption est présentée par la religion néo-conservatrice comme la priorité d'une politique budgétaire « moderne ». La lutte contre la dette était d'ailleurs le thème commun aux trois principaux candidats à l'élection présidentielle. Elle est au cœur du discours néo-libéral prônant la « réforme de l'Etat », dont les dépenses « improductives » sont accusées de peser sur la capacité d'épargne des générations futures. Le financement des dépenses porteuses d'avenir en serait alors compromis. Ce discours transpire des recommandations européennes en matière de politique budgétaire, encadrées par le Pacte de stabilité. Pérennisant les critères de convergence du Traité de Maastricht, le pacte de stabilité limite le taux d'endettement des pays candidats ou membres de l'euro à 60 % du PIB et le déficit budgétaire à 3 % du PIB. Les conclusions de nombreux Conseils européens invitent

---

1. Pour une analyse détaillée de la dette publique, voir notre ouvrage : *10 + 1 Questions sur la dette*, Michalon, 2007.

même les pays membres à tendre vers l'équilibre budgétaire.

En France, la thèse officielle de l'insoutenabilité de la dette est défendue par Michel Pébereau, auteur d'un rapport commandé en 2005 par Thierry Breton, alors ministre de l'Economie et des Finances[1]. Selon la thèse alarmiste du rapport Pébereau, le poids de la dette représenterait pour chaque nouveau-né environ 17 500 euros. Le rapport recommande de réduire progressivement le taux de prélèvements obligatoires en engageant un programme de retour à l'équilibre budgétaire sur cinq ans. Dans la même direction, le rapport Attali propose de réduire de 1 % par an la part des dépenses publiques dans le PIB à cet horizon. Pour réduire la dette, la nouvelle droite envisage de ne pas remplacer un départ à la retraite sur deux dans les trois fonctions publiques à l'horizon 2012. En 2008, le gouvernement s'en est tenu à ne pas remplacer un départ sur trois. 23 900 postes ont donc été détruits, dont 9 400 postes d'enseignants dans les collèges et lycées (11 200 postes au total dans l'éducation), 6 000 postes dans l'armée, 2 300 dans la police, 2 800 à l'équipement.

____

1. Michel Pébereau, *Rompre avec la facilité de la dette publique. Pour des finances publiques au service de notre*

Le discours sur la dette est en vérité l'alibi du meurtre de l'Etat social, « jacobin et centralisateur [1] », que les politiques néo-libérales ont, au cours du quart de siècle passé, peu à peu mutilé. Il entend préparer les esprits au discrédit de la chose publique et de ses serviteurs. La nouvelle droite s'attaque désormais au statut de la fonction publique [2], armure permettant encore aux

---

croissance économique et de notre cohésion sociale, La Documentation française.

1. C'est le terme stigmatisant utilisé par Ségolène Royal lors de son discours de Villepinte de février 2007, présentant son pacte présidentiel.

2. Le statut des personnels de la fonction publique (sur lequel est calqué celui de nombreuses entreprises publiques assurant des missions de service public) a été élaboré pour développer une culture de service au public. Ses trois principes essentiels sont : la dignité dans le rapport à la hiérarchie, la continuité dans le rapport à l'emploi, la sérénité dans le rapport à l'argent. Ils lui confèrent, à bien des égards, un caractère extrêmement moderne pour la gestion de fonctionnaires compétents et intègres. Lors d'un colloque au Sénat en juin 1989, le juriste Alain Supiot déclinait ainsi ces principes :

Alors que le contrat privé scelle une relation de subordination, le statut repose sur un lien aux supérieurs, transcendé par la morale commune d'être au service de la chose publique. Les modalités de recrutement par concours et les règles explicites de promotion sanctionnent la compétence des agents et excluent l'arbitraire. Les promotions comportent la possibilité d'avancement à l'ancienneté, mais aussi au mérite, contrairement à une idée reçue. Une part de l'avancement se fait « au choix » et de nombreuses primes sont attribuées pour des tâches spécifiques. La séparation du grade et de la fonction confère par ailleurs une grande souplesse dans l'affectation des agents d'un même grade à des fonctions différentes. L'usager n'est pas un client mais un citoyen, bénéficiaire des mêmes droits et devoirs que les autres.

serviteurs de la République de résister. Dès son accession au pouvoir, elle a particulièrement pris soin de limiter le droit de grève dans les services publics.

La fonction anxiogène du discours sur la dette doit être dénoncée. Ce discours repose sur trois mensonges.

Premièrement, à écouter les apôtres de l'orthodoxie budgétaire, les Français vivraient depuis vingt-cinq ans dans un Etat socialisant qui dépense toujours plus pour entretenir une fonction publique pléthorique et improductive ! Or la part des dépenses publiques n'a pas augmenté depuis 1983, lorsque le « tournant de la rigueur », opéré par la gauche, inaugura une « parenthèse » restée ouverte. Depuis un quart de siècle, la part des dépenses publiques est restée stable, autour de 53 % du PIB (la part des dépenses de l'Etat diminuait alors que celle des dépenses sociales augmentait). Ce sont les

----

Alors que le contrat marchand est aléatoire, la continuité du service public implique la continuité dans le temps de la relation de travail. Celle-ci est encouragée par un certain déroulement de carrière.

Alors que le salaire est un prix, sur le marché du travail, la sérénité dans la perception d'un traitement est la contre-partie d'un engagement au service du public. Son montant doit être suffisant pour prévenir la corruption et prémunir les serviteurs de l'Etat de la nécessité de cumuler un second emploi.

recettes qui ont baissé, conséquence de politiques ayant réduit le rendement de l'impôt et qui se sont avérées inaptes à soutenir la croissance. Au cours de cette période, conséquence de la rigueur budgétaire, la part des dépenses de l'Etat s'est réduite de 3 points, passant de 25,7 à 22,7 % du PIB. La part des dépenses de fonctionnement (les dépenses en personnel tant décriées par les néo-conservateurs) a diminué de 5 points, passant de 40 % à 35 % des dépenses de l'Etat ! Les dépenses des collectivités territoriales ont certes progressé, conséquence de la décentralisation, mais les transferts de compétence sans transferts de ressources ont amené les gestionnaires des collectivités territoriales à relever les impôts locaux et à pratiquer une gestion de plus en plus serrée des budgets locaux qui ne sont aucunement déficitaires. Les « marges de manœuvre » pour réduire les effectifs de l'Etat paraissent en tout état de cause faibles, sauf à considérer que la santé, l'éducation et la décentralisation ne sont pas des priorités (imagine-t-on des hôpitaux et des établissements d'enseignement sans personnel ?), ou à penser qu'hôpitaux, écoles et universités doivent être privatisés.

Deuxièmement, la France n'est pas en faillite. Les tenants de l'orthodoxie budgétaire oublient curieusement de rappeler que tout compte de patrimoine inclut un passif (la dette) et un actif (les bijoux de famille). Ainsi, si le compte de patrimoine des administrations publiques est porteur d'une dette, la richesse nette des administrations est positive, compte tenu des actifs physiques que détient l'Etat (routes, écoles, hôpitaux, équipements...). Le solde net représente 19,7 % du PIB.

Troisièmement, la dette ne pèse nullement sur les générations futures. Elle est portée par les épargnants à l'instant T, qui perçoivent les intérêts prélevés par l'impôt sur l'activité productive du même instant T (17 % des recettes fiscales sont consacrées au remboursement des intérêts de la dette). L'épargne sert en principe à financer l'investissement. Alors que l'investissement des entreprises est atone, il est sain que l'épargne disponible ne reste pas oisive et que l'Etat la mobilise pour financer des dépenses ayant un effet sur la croissance, sans lesquelles l'économie s'enfoncerait dans la récession. Autrement, cette épargne nourrirait inlassablement les bulles financière et immobilière, à perte pour la croissance et l'emploi. Un certain volant de dette est par conséquent justifié, d'autant qu'elle est « désirée » par les épargnants, qui considèrent les obligations d'Etat comme des valeurs refuges. Il existe en effet une abondante épargne, particulièrement friande d'obligations d'Etat, si bien que l'Etat peut se financer en émettant des titres à des taux d'intérêt très bas. La signature de l'Agence France Trésor est l'une des plus réputées au monde, signe que l'Etat peut honorer ses engagements. Dès lors financée à bas taux d'intérêt, la dette est dite « soutenable » si son impact sur la croissance est suffisamment fort pour engendrer en fin de course le surcroît de recettes fiscales nécessaire à la stabilisation, puis à la réduction du taux d'endettement. La bonne dette n'est donc pas une aberration économique et Romano Prodi avait raison de dire que « le pacte de stabilité est une stupidité ».

Contrairement à ce que véhicule l'idéologie néo-conservatrice, l'Etat dispose de marges de manœuvre réelles, à la mesure des ressources qu'il peut emprunter sur les marchés et de l'impôt qu'il peut lever (à condition, naturellement, de mettre en œuvre la bonne réforme fiscale). Le véritable débat porte alors sur les choix budgétaires et fiscaux réalisés. A cet égard, la politique économique de l'an I de la révolution néo-conservatrice relève d'un véritable gaspillage de deniers publics. Le coût de l'inutile « paquet fiscal » (15 milliards d'euros) est sans commune mesure avec les économies réalisées grâce à la suppression de postes dans la fonction publique (500 millions d'euros), notamment dans des secteurs comme l'éducation qu'on ne saurait présenter comme des secteurs qui ne sont pas porteurs d'avenir... Incapable de relancer l'économie, cette politique fait proliférer la mauvaise dette, celle qui ne finance aucune dépense source de croissance. La dette profite alors doublement aux nouveaux rentiers, une première fois en tant que bénéficiaires du paquet fiscal, une deuxième fois en tant que créanciers de l'Etat, percevant les intérêts des obligations du Trésor qu'ils détiennent. Ces intérêts sont notamment prélevés par l'impôt, et donc par la TVA que paient les pauvres au premier centime d'euro dépensé...

La politique budgétaire néo-conservatrice donne l'impression d'une rupture parce qu'elle accentue sans complexe le trait des politiques défendues par la droite depuis son abandon du gaullisme économique. Leur mise en œuvre est à l'origine du « paradoxe de la dette » : la dette publique s'est accrue au cours de ces quinze dernières années alors que c'est précisément lors de cette période que des gouvernements ont appliqué des politiques censées réduire le poids de l'interventionnisme public. Il n'y a pas d'exception française en la matière. Malgré leur zèle à comprimer sommet après sommet les dépenses publiques, sept pays de l'Eurogroupe sur quinze (parmi lesquels l'Allemagne, la France et l'Italie) ne parviennent pas à respecter le Pacte de stabilité. La dette publique française (64 % du PIB) est d'ailleurs inférieure à celle de la moyenne de l'Eurogroupe (72 %). Le paradoxe de la dette est d'autant plus grand que, hors de l'Eurogroupe, le Danemark et la Suède, qui détiennent le record du monde de la dépense publique, ont vu leur taux d'endettement décroître, entre 1999 et 2005, tout comme la Grande-Bretagne, dont on ne souligne guère qu'elle a accru de 5 points ses dépenses publiques, pour créer 560 000 emplois publics et remettre sur pied ses infrastructures, détruites sous l'ère thatchérienne...

En France, la dette publique ne dépassait pas 25 % du PIB en 1983, lorsque la gauche était accusée d'avoir excessivement nationalisé. Elle était de 36,5 % en 1991, avant l'entrée en vigueur du traité de Maastricht... Elle explose littéralement sous les auspices d'Edouard Balladur et d'Alain Juppé entre 1993 et 1997 où elle atteint 58,5 % du PIB, plaçant quasiment la France aux limites autorisées par le Traité. Au cours de cette période, la pensée unique sévit pourtant, légitimant la première réforme des retraites, la deuxième grande vague de privatisations, la planification quinquennale de la baisse du coût du travail, la baisse de la progressivité de l'impôt sur le revenu et le plan Juppé sur l'assurance maladie. Le creusement de la dette est précisément la cause d'une certaine dissolution de l'Assemblée nationale qui devait légitimer un nouveau plan d'austérité préalable à l'entrée dans l'euro... La droite est battue lors des législatives de 1997. Le taux d'endettement baisse à 56 % du PIB en 1999. La politique budgétaire du gouvernement Jospin évite de mettre à contribution les ménages modestes qui avaient de plein fouet subi la politique de « réduction des déficits » du gouvernement Juppé. Elle bénéficie de la détente des taux d'intérêt européens qui permettent de relancer la croissance du Vieux Continent et de réduire les charges de la dette. La baisse consécutive du cours des monnaies européennes vis-à-vis du dollar stimule particulièrement les exportations françaises, plus sensibles que les produits allemands aux variations du taux de change[1]. De retour aux affaires en 2002, la droite s'engage à nouveau sur le chemin de la rupture avec le gaullisme. Elle met en chantier la deuxième réforme des retraites et de l'assurance maladie, de nouvelles baisses d'impôts sur les hauts revenus et une nouvelle vague de privatisations (dont une partie fut consacrée au désendettement !). Le taux d'endettement culmine aujourd'hui à 65 % du PIB... Les politiques néo-libérales d'hier et d'au-

---

1. Le taux de change de l'euro vis-à-vis du dollar était au plus bas le 26 octobre 2000 : 1 euro équivalait alors à 0,82 dollar. A titre de comparaison, le cours de l'euro face au dollar est devenu, en mars 2008, de 1 euro pour 1,53 dollar.

jourd'hui se révèlent incapables de soutenir la croissance « par l'offre » alors que les réformes de la structure des prélèvements fiscaux et sociaux ont amplifié l'érosion des ressources fiscales de la République.

Les paquets-cadeaux à peine envoyés, le président de la République reportait déjà à 2012 l'objectif de retour à l'équilibre budgétaire, initialement prévu en 2010 dans son programme. Usant de la posture permise par l'héritage gaulliste qu'il instrumentalise à souhait, il ne manque jamais de fustiger la pensée unique en matière budgétaire pour justifier sa dérogation à l'endroit du pacte de stabilité, encouragé dans cette voie par Henri Guaino. La gauche aurait tort de jouer au Père Fouettard en rappelant au président de la République son devoir de rigueur budgétaire. Tout en démontrant l'absurdité du Pacte de stabilité, elle doit dénoncer le gaspillage fait par la droite de fonds publics qui auraient pu être consacrés à la redistribution, à la revalorisation des rémunérations dans la fonction publique, à la santé, à l'éducation, à l'investissement, à l'innovation et la recherche, autant de choix ayant un réel impact économique.

Les bijoux de famille tu braderas

L'« ouverture à la concurrence » est désormais présentée comme l'alpha et l'oméga de la stratégie industrielle européenne et... de la relance du pouvoir d'achat par la baisse des prix ! La mise à l'index des aides de l'Etat qu'elle implique conduit tout droit à la privatisation de moins en moins partielle des principales entreprises stratégiques et de celles qui assurent une mission de service public, notamment dans l'énergie, les transports, les communications. L'ouverture à la concurrence est pourtant une utopie. Le nouveau capitalisme est à tort qualifié de néo-libéral. Les monopoles y règnent plus que jamais, dans les secteurs traditionnels comme dans les secteurs innovants. La concurrence relève même de l'impossibilité économique dans les activités de plus en plus nombreuses où, avec le progrès technique, les coûts fixes sont importants et les rendements croissants.

Les activités de réseau appartiennent à cette catégorie, englobant ce que les économistes qualifient de « monopoles naturels ». Il s'agissait hier des réseaux de transport, des réseaux postaux, de la distribution de l'eau et de l'énergie, du réseau de téléphone fixe, du réseau bancaire... Il s'agit aujourd'hui des réseaux de la « nouvelle économie », issus des nouvelles technologies de l'information et de la communication (internet, téléphonie mobile, télévision numérique...). Pour toutes ces activités, les coûts fixes sont exorbitants en raison du coût d'installation du réseau et du coût de son entretien. Le coût marginal (le coût de l'utilisateur supplémentaire) est par contre décroissant : une fois le réseau installé, il est possible d'en faire bénéficier un nombre croissant d'individus pour un coût de plus en plus faible, voire nul. Malheureusement, une tarification « au coût marginal » (dite « tarification optimale »), celle qui correspond juste à ce que coûte l'utilisateur supplémentaire du réseau et qui ne le lèse pas, fait inévitablement apparaître des pertes, compte tenu de l'importance des coûts fixes supportés. C'est pourquoi le marché concurrentiel ne peut accoucher spontanément de telles activités, non rentables pour une entreprise privée. L'entreprise qui souhaite réaliser du profit sur ce créneau doit avoir auparavant éliminé ses concurrentes afin de pouvoir pratiquer une surtarification vis-à-vis du prix optimal, ou être subventionnée par l'Etat...

La théorie économique de la valeur-travail aboutit au même théorème d'impossibilité de la concurrence, que nous venons de tirer du raisonnement purement académique que ne renierait pas le prix Nobel Joseph Stiglitz[1]. Chez Marx, les entreprises en question, à fort coût fixe, sont les entreprises où la part du « capital constant » (les machines) s'est accrue au détriment de celle du « capital variable » (la force de travail), seul facteur créateur de valeur. Or les machines et le réseau en tant que tels ne créent pas de valeur ; ils incorporent du travail passé, appelé le travail mort. Le taux de profit tend à baisser dans les activités fortement capitalistiques telles que les activités de réseau, parce que la part relative du seul facteur de production créateur de valeur, le travail vivant, diminue vis-à-vis de celle du travail mort dans la combinaison productive. Les entreprises capitalistes sont alors conduites à rechercher des parades, parfois antisociales, afin d'assurer un certain taux de profit (baisse des salaires, intensification de l'exploitation, prix de monopoles, financiarisation, etc.). Parce que de telles pra-

---

1. Joseph Stiglitz, *Economics of the Public Sector*, Northern Company, 2000.

tiques sont contreproductives, une certaine dose
de socialisme n'est pas anti-économique face
aux défaillances du capitalisme, osait-on soutenir il y a peu.

Dans un langage plus académique, Stiglitz
dirait aujourd'hui que l'intervention de la puissance publique se justifie ici pour pallier les
« défaillances du marché ». Afin de permettre
une tarification au coût marginal, permettant
l'accès du plus grand nombre au réseau, mais
synonyme de pertes, l'Etat peut prendre en
charge les coûts fixes, liés à la mise en place et
à l'entretien du réseau. La SNCF, dont la qualité
du service était irréprochable, subissait des
pertes, nullement parce qu'elle était mal gérée,
mais parce qu'elle se devait de maintenir lignes
et gares ouvertes pour assurer une mission de
service public. Une fois le réseau de chemin de
fer installé et entretenu grâce à l'intervention
publique, celui-ci peut alors bénéficier au plus
grand nombre au plus bas tarif car le coût d'un
voyageur supplémentaire devient faible (accro-
cher un wagon supplémentaire pour faire mon-
ter des voyageurs supplémentaires dans un train
est peu coûteux). Le même raisonnement peut
s'appliquer à l'énergie, aux réseaux informa-
tiques et aux réseaux de téléphonie fixe ou
mobile. Dès lors que les coûts fixes sont pris en
charge par l'Etat, le coût d'un abonné supplémentaire est marginal. Nombre de presta-

tions pourraient ainsi être mises au service du public moyennant l'engagement de la puissance publique. Consciente de l'obstacle à la concurrence que représente la barrière des coûts fixes liés à l'entretien des réseaux, la Commission européenne a autorisé l'Etat à en conserver la gestion afin que les pertes puissent être socialisées. L'ouverture à la concurrence revient alors à privatiser les profits, au bénéfice d'opérateurs privés dont l'intérêt est de détenir le monopole pour capter la rente engendrée par l'existence de rendements croissants.

Dans de telles conditions de concurrence improbable, le statut public d'entreprises de réseau assurant des missions de service public n'est pas une aberration économique. Pas plus que le contrôle par la puissance publique d'activités stratégiques sous l'emprise de coûts fixes importants et de rendements croissants. Ce contrôle peut prendre la forme de la prise de participation de l'Etat ou de la Caisse des dépôts et consignations dans le cadre de la constitution de noyaux durs. Il peut aussi relever de la nationalisation pure et simple, en contrepartie de l'octroi aux épargnants d'obligations d'Etat en guise d'indemnités ou de rachat. Les privatisations sont au contraire une erreur économique, dès lors qu'elles introduisent dans le capital des entreprises des fonds de placement réclamant une norme de rentabilité financière incompatible avec le développement d'activités à forts coûts fixes et/ou tenues d'assurer des missions d'intérêt général. Ces entreprises sont alors condamnées à réduire la qualité des services, restreindre l'étendue et la qualité des réseaux, surtarifer les prestations pour dégager la marge de profit jugée satisfaisante par les nouveaux actionnaires. Elles doivent pour cela détenir le monopole de l'exploitation du réseau, ou entretenir des ententes oligopolistiques. Ces phénomènes sont d'ores et déjà observables dans la téléphonie mobile, ou encore dans le gaz et l'électricité, en cours de privatisation. C'est pourquoi le modèle de services d'intérêt économique général (SIEG), assuré par des entreprises privées soumises à la concurrence, présenté comme une avancée dans le « Traité simplifié », est si peu convaincant. Loin d'assurer aux usagers, transformés en clients, les bienfaits d'une « concurrence libre et non faussée », il revient à remplacer les entreprises publiques par des monopoles privés, avant tout préoccupés par la « création de valeur pour l'actionnaire », et donc peu soucieux de l'étendue du réseau et de la qualité du service au moindre tarif.

Certes, la privatisation n'est pas ouvertement imposée par les directives communautaires prônant l'« ouverture à la concurrence », ouverture qui n'est pas, dans le texte, incompatible avec l'existence d'entreprises publiques... à condition que ces dernières ne soient pas subventionnées ou dotées en capital par l'Etat, qui doit s'abstenir de « fausser la concurrence » ! Pour mobiliser des ressources à la mesure des investissements nécessaires à l'entretien du réseau, les entreprises ouvertes à la concurrence sont alors condamnées à recourir aux marchés financiers pour accroître leurs fonds propres. C'est pourquoi l'ouverture à la concurrence conduit tout droit à l'ouverture du capital, dont la conséquence ultime est d'introduire la logique financière de court terme des fonds spéculatifs là où elle s'avère désastreuse pour le développement des services publics et des nouvelles activités productives.

Héritier rebelle de la famille gaulliste, Nicolas Sarkozy n'ignore aucunement ces enjeux industriels. Il sait encore, le cas échéant, faire vibrer la fibre souverainiste. Il n'a pas manqué de ferrailler contre le commissaire européen Mario Monti afin de disposer de l'autorisation de recapitaliser Alstom en 2004 lors de son séjour à Bercy comme ministre de l'Economie et des Finances. La rupture avec le gaullisme industriel n'en a pas moins été inaugurée par ses aînés et par lui-même lors des deux premières cohabitations. Elle se produisit dès 1986 lorsque Jacques Chirac voulut lancer par ordonnance une première vague de privatisations. Une deuxième vague fut menée en 1993 par Edouard Balladur et Nicolas Sarkozy, à l'époque ministre du Budget. Ces privatisations prenaient pour exemple le modèle rhénan plus que le modèle anglo-saxon. Des noyaux durs furent constitués, à partir de participations croisées entre acteurs financiers hexagonaux, pour protéger les entreprises stratégiques d'OPA hostiles. Une troisième vague de privatisations fut autorisée par le gouvernement Jospin. On laissa détricoter les noyaux durs. Le modèle anglo-saxon de gouvernance d'entreprise, où les fonds de placement détiennent des portefeuilles d'actions diversifiés, s'imposa progressivement. Une quatrième vague de privatisations intervint après le retour de la droite aux affaires en 2002. Le poids des fonds de placement anglo-saxons dépasse désormais 50 % de la capitalisation boursière des entreprises du CAC 40. Le poids des noyaux durs d'actionnaires stables est inférieur à 20 %. La durée moyenne de détention d'une action est inférieure à six mois. La norme de rentabilité financière imposée est de 15 %, voire 20 % dans certains cas. La courbe des taux d'investissement reste désespérément orientée à la baisse.

Le bilan de ces renoncements à la politique industrielle est peu glorieux, de surcroît lorsqu'il débouche sur la désindustrialisation de chaque bassin d'emploi où le tissu des PME sous-traitantes se délite. En matière de stratégie industrielle, la France est désormais inconfortablement (c'est un euphémisme !) assise entre quatre chaises.

Premièrement, les champions nationaux ont été démantibulés. L'Agence pour l'innovation industrielle, érigée au nom du patriotisme économique, n'était dotée que... de 1 million d'euros ! On mesurera mieux dans quelque temps à quel point la séparation d'EDF et de GDF (et la fusion de cette dernière avec Suez), préalable à leur privatisation, et leur absurde mise en concurrence furent une erreur stratégique. Elle a conduit au démantèlement d'un champion public national hors pair en matière de production et de distribution de l'électricité, ayant jadis atteint une taille critique permettant de négocier le gaz au meilleur prix pour les entreprises et les particuliers. La même technique de fusion livrera Areva à Bouygues, actionnaire principal d'Alstom. Elle reviendra à livrer le nucléaire public à un monopole privé, sous influence d'un bon ami du président de la République. A l'ère de la crise énergétique et du développement durable, l'investissement dans les énergies renouvelables devrait être une priorité nationale. L'Etat stratège est encore absent dans ce domaine.

Deuxièmement, les champions européens,

appelés à prendre le relais, souffrent de nombreuses contradictions, à l'image d'EADS. Les défauts de coordination entre les deux rives du Rhin s'ajoutent au désengagement des investisseurs privés à qui il a été fait appel, en l'absence de pôle public européen, dont nos partenaires allemands ne veulent pas.

Troisièmement, les pôles de compétitivité et les zones franches sont des expériences de faible portée (le volume des fonds destinés aux pôles de compétitivité n'excède pas 1 milliard d'euros), qui ne permettent que des « saupoudrages », insuffisants pour que certaines PME puissent atteindre la taille critique nécessaire.

Quatrièmement, le paquet fut en revanche mis sur les « baisses de charges » sur les bas salaires, dont le montant s'élève à 25 milliards d'euros par an au titre des réformes « structurelles » du marché du travail. Le principal volet de la politique de l'emploi a consisté, depuis la loi quinquennale Balladur, à réduire le coût du travail non qualifié. Cette politique, source de nombreux effets pervers (effets d'aubaine, effets de seuil...), a engendré seulement 200 000 créations d'emplois. Le coût de chaque emploi s'élève alors à... 10 000 euros par emploi et par mois ! Avec la même somme, c'est 1 million d'emplois publics, au niveau du salaire moyen, qui auraient pu être créés dans l'éducation, la santé ou ailleurs, si l'on considère que les

dépenses de santé et d'éducation sont loin d'être
« improductives ». En incitant les entreprises à
développer l'emploi peu qualifié et à verser des
salaires inférieurs à 1,6 fois le SMIC (seuil au-dessus duquel ne s'applique plus la ristourne dégres-
sive de cotisations sociales), la politique de baisse
de « charges » sur les bas salaires a littéralement
« smicardisé » la société française (rappelons que
le revenu mensuel de la moitié des salariés est
inférieur à 1 480 euros). Elle a favorisé la formation d'une « trappe à bas salaires et à basse qualification », en contradiction totale avec l'objectif
officiel de Lisbonne d'« accroissement du capital
humain » aux fins de préparer l'entrée dans
l'« économie de la connaissance »...

Avec le suffrage universel, l'impôt progressif sur le revenu est le deuxième pilier de la République[1]. Il marque l'adhésion du citoyen à la chose publique et consacre le devoir de financement de l'action publique selon la faculté contributive de chacun. Il rompt avec la tradition de l'Ancien Régime, où les ordres privilégiés disposent seuls du pouvoir politique, sans acquitter l'impôt, dont le fardeau pèse exclusivement sur les gueux.

L'impôt progressif sur le revenu (IR) est créé en 1914, lors du vote de la loi Caillaux. Malgré sa montée en puissance, au temps de l'âge d'or de l'Etat social, entre 1945 et 1983, le système fiscal français est resté faiblement redistributif. Car la part des cotisations et impôts proportionnels (comme la CSG, la TVA et la Taxe inté-

---

1. Pour un tour d'horizon complet de la question fiscale, voir notre ouvrage : *Vive l'impôt !*, Grasset, 2007.

rieure sur les produits pétroliers) demeure majoritaire et le rendement des impôts progressifs (IR et ISF) faible. Alors que le rendement de la TVA atteint 51 % des rentrées fiscales, celui de la TIPP 5,5 %, l'impôt sur les sociétés (IS) et l'impôt sur le revenu ne rapportent chacun que 17 % des recettes de l'Etat. Plus de 51 % des ménages sont exemptés de l'IR, ce qui ne signifie aucunement qu'ils ne paient pas d'impôts (ils acquittent notamment la CSG et les impôts indirects). A titre de comparaison, le poids de l'impôt sur le revenu dans l'ensemble des prélèvements est de 53 % au Danemark, figure de proue du modèle nordique. Il s'élève à 30 % en Grande-Bretagne et à 42 % aux Etats-Unis !

Au cours des deux dernières décennies, diverses mesures ont substantiellement affaibli la redistributivité du système fiscal français. Premier ministre de 1988 à 1990, Michel Rocard abaisse substantiellement le taux de l'IS. Pour financer la Sécurité sociale, il crée la CSG, impôt affecté dont l'assiette est plus large que celle des cotisations sociales puisqu'elle comprend notamment les revenus du capital des personnes physiques. Mais la CSG n'en reste pas moins aussi injuste que la cotisation, en raison de son taux proportionnel et non « familialisé » : le même taux s'applique aux riches et aux pauvres, aux familles avec ou sans enfants. La CSG monte progressivement en puissance au gré des baisses de cotisations patronales et salariales, et elle symbolise le basculement progressif vers l'impôt du financement des dépenses sociales.

C'est en 1993 que le Premier ministre Edouard Balladur lance le chantier de l'abaissement de la progressivité de l'impôt sur le revenu. Le nombre de tranches d'imposition est réduit de 12 à 7. Le taux marginal de la tranche la plus élevée est ensuite abaissé de 56,8 % à 54 % sous le gouvernement d'Alain Juppé en 1996, puis à 52,75 % sous le gouvernement de Lionel Jospin. Le gouvernement de Jean-Pierre Raffarin le fait symboliquement passer sous la barre des 50 % : à 49,58 % en 2003, puis à 48,09 % en 2004. La réforme léguée par Dominique de Villepin à François Fillon réduit encore davantage la progressivité de l'impôt : elle fait passer le nombre de tranches de 7 à 5, tout en abaissant substantiellement les taux marginaux s'appliquant aux revenus moyens et supérieurs, après suppression de l'abattement de 20 %. Le taux de la tranche la plus élevée est fixé à 40 %, comme au Royaume-Uni. Mais la France est devenue plus royaliste que le roi dans la mise en concurrence européenne et mondiale des systèmes fiscaux. Dans le système français, ce taux de la tranche supérieure, en apparence équivalent au taux britannique, taxe moins les classes riches qu'outre-Manche où le principe du quotient familial n'existe pas [1]. De nouvelles « niches » mettant à l'abri du fisc sont créées. Un abattement sur les dividendes est instauré pour contrecarrer les effets nocifs, pour les actionnaires, de la suppression de l'avoir fiscal. Sous prétexte de lutter contre la spéculation, une exonération progressive d'impôt pour les plus-values réalisées sur des titres détenus depuis plus de huit ans est proposée. Enfin, la création d'un « bouclier fiscal », par lequel les prélèvements fiscaux ne peuvent excéder 60 % des revenus d'un contribuable, aura pour effet de réduire substantiellement l'ISF pour les très hauts revenus. Sans bouclier fiscal, malgré un taux marginal de la tranche supérieure de l'IR à 40 % – rappelons qu'il s'agit d'un taux marginal et non d'un taux moyen, seule la fraction du revenu située au-dessus d'un certain seuil étant frappée à 40 % – et malgré tous les autres prélèvements qui le concernent, un foyer déclarant 2 millions d'euros annuels consacre moins de 50 % de son revenu au paiement de ces impôts. Seule l'imposition de son patrimoine par le biais de l'ISF le place au-dessus de cette barre. Le bouclier fiscal revient donc à s'attaquer en silence à l'ISF.

---

1. Ce principe consiste à diviser par un certain nombre de parts le revenu déclaré pour obtenir le revenu imposable.

Pour donner une impression d'équilibre, ces mesures profitant à « ceux d'en haut » sont compensées par l'augmentation et la mensualisation de la Prime pour l'emploi, initialement créée par le gouvernement Jospin, aumône jetée à « ceux d'en bas », mais à condition qu'ils ne chôment pas...

S'il était appliqué sans complexes, comme dans certains pays d'Europe de l'Est nouvellement convertis au capitalisme, le projet néo-conservateur de réforme de l'IR à l'état pur nous ramènerait un siècle en arrière, avant la loi Caillaux. Il consiste à abolir toute progressivité par la création d'un impôt à taux unique, appelé « *Flat Tax* » par les néo-conservateurs aux Etats-Unis. La droite se contente pour l'heure d'entamer petit à petit la progressivité de l'IR [1]. Le coût cumulé de la baisse de la progressivité du seul IR entre 2000 et 2007 peut être chiffré à 50 milliards d'euros. La baisse de l'IS était également annoncée dans le programme du candidat Sarkozy. Elle attendra. Contrairement à une idée reçue, compte tenu de la santé florissante des profits, « trop d'impôt sur les sociétés ne tue pas l'impôt ». Le rendement de l'IS ne

---

1. Edouard Balladur a ainsi proposé un barème à 3 tranches, par ailleurs à l'étude dans le rapport de Jacques Le Cacheux et Christian Saint-Etienne, *Croissance équitable et concurrence fiscale*, Conseil d'analyse économique, octobre 2005.

cesse de croître (près de 55 milliards en 2007) et les recettes de l'IS sont devenues une manne dont les gouvernements peuvent difficilement se passer pour boucler des budgets devenus chroniquement déficitaires...

La loi dite, par antiphrase, « pour le travail, l'emploi et le pouvoir d'achat » (TEPA), adoptée dans la foulée de la victoire à l'élection présidentielle et communément appelée « paquet fiscal », accentue à nouveau les injustices fiscales[1]. La quasi-suppression des droits de donation et de succession des 15 % des ménages les plus fortunés est contraire au principe libéral d'égalité des chances, comme le dénonce un authentique « *self-made man* », Bill Gates, qui s'est récemment élevé contre un projet de ce type dans les Etats-Unis de M. George Bush. Le coût de cette mesure est de 2,2 milliards d'euros. Le bouclier fiscal, étendu à 50 % du revenu, supprime de fait l'ISF pour les très hauts revenus. Il a bénéficié à 235 000 ménages à qui l'Etat a reversé 600 millions d'euros. Parmi eux, les 13 000 ménages les plus fortunés ont touché un chèque de 45 000 euros. Le bouclier fiscal accroît à l'évidence les inégalités. L'inclusion de la CSG et du CRDS dans le dispositif rend le

---

1. Voir notre article : « En France, retour des privilèges fiscaux de l'Ancien Régime », *Le Monde diplomatique*, n° 643, octobre 2007, pp. 4-5.

financement de la protection sociale, déjà contraire à l'équité, carrément dégressif : plus on est riche, moins on contribue à la solidarité nationale en matière de santé ! Le crédit d'impôt pour les intérêts d'emprunt de l'habitation principale est une aubaine pour les ménages aisés. Il entretiendra la flambée des prix de l'immobilier, où l'offre de logements stagne. Son coût est de 3,7 milliards d'euros. La défiscalisation des heures supplémentaires sous-entend que ceux qui ne veulent pas « travailler plus » sont les seuls responsables de la stagnation de leur pouvoir d'achat, à laquelle l'accentuation de l'exploitation capitaliste serait absolument étrangère. Comme nous l'avons vu, elle dissuade les entreprises d'embaucher de nouveaux salariés, elle augmente le pouvoir d'achat d'à peine un tiers des salariés et constitue une aubaine pour leurs entreprises. Son coût est de 6 milliards d'euros.

Prétendument conçu pour récompenser le travail et affronter la concurrence fiscale des autres pays, le « paquet » est un véritable cadeau de plus de 15 milliards d'euros offert aux ménages aisés, composés en grande partie de nouveaux rentiers. Comme si cela ne suffisait pas, la loi de finance 2008 allège la taxation des actionnaires. Les dividendes pourront ne plus être assujettis à l'impôt sur le revenu (dont le taux marginal de la tranche supérieure, de 40 %, s'applique à une fraction des dividendes des actionnaires les plus aisés) : leurs bénéficiaires pourront opter pour un prélèvement libératoire de 18 %. Ce nouveau cadeau fiscal s'élève à 500 millions d'euros, soit l'équivalent de l'économie réalisée sur les 23 900 postes de fonctionnaires supprimés en 2008...

Dans l'Ancien Régime, les privilèges de la noblesse étaient liés à la propriété terrienne. Elle était dispensée de l'impôt qu'acquittaient gueux et roturiers pour entretenir ses fastes. Dans le nouveau capitalisme, la noblesse (d'argent) tire ses privilèges de la détention et de la gestion d'actifs financiers. Elle ne souhaite plus payer l'impôt, comme la noblesse d'antan, et menace d'émigrer en Suisse et en Grande-Bretagne[1], comme aux premiers temps de la Révolution. Ses gains ont explosé au cours des dix dernières années, alors que les revenus de l'immense majorité de la population stagnaient.

---

1. Le nombre annuel d'émigrés théoriquement assujettis à l'ISF est de l'ordre de 600. Parmi ces 600, un tiers émigre en Suisse pour des raisons purement fiscales, mais le nombre annuel de ces émigrés ne s'est pas vraiment accru depuis la création de l'ISF. Un tiers, composé de jeunes cadres, se dirige vers le Royaume-Uni, pour opportunités de carrière. Un dernier tiers, composé de chefs d'entreprise ayant vendu leur outil de travail et souhaitant échapper à l'impôt sur les plus-values en France, s'installe à Ixelles, quartier huppé de Bruxelles.

Les « réformes » en cours risquent d'accélérer l'érosion des ressources de l'Etat sans produire le choc annoncé sur la croissance. A tort présentées comme des mesures de soutien à la demande, elles déploient l'arsenal classique d'une politique « de l'offre », du type de celle conduite par l'administration Reagan, celle-ci ayant à l'époque battu le record des Etats-Unis et du monde des déficits publics et plongé l'Amérique dans sa récession la plus grave depuis la Deuxième Guerre mondiale. Les allégements du « paquet fiscal » ne soutiendront la consommation qu'à la marge. Les classes aisées n'y consacreront qu'une infime partie du cadeau qui leur a été fait car leur propension à consommer est faible (plus on est riche, moins le supplément de revenu obtenu est consacré à la consommation). Le reste ira gonfler la bulle boursière et stimuler une spéculation immobilière qui renforce le pouvoir des propriétaires face à une masse de locataires dans l'impossibilité d'accéder à la propriété et condamnée à leur verser, sous forme de loyer, une rente de plus en plus élevée.

L'économie de rentiers qui s'étend nous rend plus que jamais tributaires de la consommation et de la spéculation des nouvelles classes privilégiées, pour le meilleur et pour le pire, comme dans l'Ancien Régime.

P arce qu'elle amenuise les rentrées de cotisations sociales et d'impôts affectés au financement de la protection sociale, la faiblesse de la croissance, entretenue par de mauvais choix de politique économique, explique une part non négligeable du déficit chronique de la Sécurité sociale. Entre 1998 et 2001, une croissance annuelle supérieure à 3,5 % pendant trois ans avait suffi à rétablir l'équilibre des comptes sociaux. Pour autant, la part des dépenses sociales dans le revenu national est bel et bien amenée à s'accroître, malgré les multiples plans de maîtrise des dépenses de santé. La part des dépenses sociales dans le PIB est ainsi passée de 27,2 à 29,1 % entre 1984 et 2004. La poursuite de cette tendance est inévitable dans une société où l'espérance de vie augmente et où le progrès technique médical, coûteux, se diffuse. Faut-il s'en alarmer ? Les dépenses sociales sont le symbole d'une société de progrès qui privilégie le bien-être de ses citoyens. En améliorant la santé des travailleurs, elles exercent un effet bénéfique sur leur productivité et donc sur le taux de croissance potentiel de l'économie. De surcroît, il est de bon augure que le secteur de la santé soit un secteur moteur de la croissance, offrant de nombreux débouchés dans une perspective de développement durable. Le problème essentiel revient alors à définir le mode de financement de ces dépenses. Il renvoie à la question sociale traditionnelle : Qui paie ?

Pour y répondre, Eric Besson, nommé secrétaire d'Etat à l'Evaluation des politiques publiques, a été chargé par Nicolas Sarkozy d'évaluer les effets du basculement vers l'impôt du financement de la Sécurité sociale. Une telle réflexion n'est pas hors de propos car la santé appartient au champ de la solidarité nationale et des dépenses universelles (elles bénéficient à chaque citoyen et pas seulement au salarié). Celles-ci, en tant que telles, doivent donc être financées par l'impôt et non par la cotisation sociale. Cette réflexion s'impose *a fortiori* car l'actuel système de financement des dépenses sociales est injuste et pénalisant pour l'emploi. A cet égard, l'ex-secrétaire national en charge de l'économie du Parti socialiste n'a pas pu oublier que le chantier d'un financement « moderne » de la protection sociale est l'un de ceux où la gauche est particulièrement en avance. La création d'un grand impôt citoyen progressif sur le revenu (à partir de la fusion de la CSG et de l'impôt sur le revenu), proposée par les socialistes, est le moyen le plus juste de faire participer chaque citoyen à la solidarité nationale selon sa faculté contributive. Cette solution évite d'augmenter la TVA ou de multiplier franchises et déremboursements. Le PS propose d'autre part de remplacer les cotisations patronales par une sorte de CSG entreprise, assise sur la valeur ajoutée (plus favorable aux petites entreprises de main-d'œuvre à faible marge). Cette contribution sur la valeur ajoutée, taxant les profits, n'a rien à voir avec la TVA, qui taxe le consommateur au premier centime d'euro. Ces propositions reviennent donc à opter pour une réforme de la fiscalité directe (sur le revenu et sur les sociétés) qui soit de nature à améliorer la redistributivité du système fiscal. Elles sont exclues du champ de l'étude commandée à Eric Besson[1], envoyé en séminaire à Copenhague pour méditer les vertus de la TVA. Le scénario de fiscalisation privilégié par la droite consiste en effet à remplacer les cotisations par une hausse de la TVA, impôt indirect, dont le taux serait majoré de 3 à 5 points.

---

1. Eric Besson, *TVA sociale*, secrétariat d'Etat chargé de la prospective et de l'évaluation des politiques publiques.

Défendue par le sénateur Jean Arthuis, proche de François Bayrou, cette mesure s'inscrit dans la compétition fiscale lancée par la « grande coalition » allemande. Celle-ci a augmenté de 3 points la TVA, réduit l'impôt sur les sociétés, abaissé les cotisations sociales et freiné les hausses de salaires. Selon les promoteurs de la TVA dite « sociale », la réduction des coûts de production permettrait aux entreprises de baisser leurs prix sans entamer leurs marges. La hausse de la TVA renchérirait quant à elle les importations et freinerait l'intérêt à délocaliser. Cette TVA serait « sociale » parce que les travailleurs sont présumés doublement gagnants, premièrement sur le terrain du pouvoir d'achat (grâce à la baisse des prix), deuxièmement sur celui de l'emploi (grâce aux délocalisations évitées). Malheureusement, la TVA est la solution la plus injuste socialement et la plus discutable quant à ses effets macroéconomiques.

La TVA est un véritable impôt dégressif digne de l'Ancien Régime. Les nouveaux « gueux » la paient au premier centime d'euro dépensé. Les 10 % des ménages les plus pauvres consacrent 8 % de leur revenu au paiement de la TVA. Les 10 % des ménages les plus riches ne lui concèdent que 3 % de leur revenu.

Il est illusoire de penser qu'une hausse de quelques points de TVA permettrait de lutter contre les délocalisations extra-communautaires. Le différentiel de salaire entre la France et les pays du Sud-Est asiatique est de 1 à 30 ! Seules des barrières douanières suffisamment élevées à l'échelle communautaire concernant une liste de produits pouvant faire l'objet d'un production domestique de substitution, ainsi qu'une baisse du taux de change de l'euro, sont de nature à dissuader les délocalisations.

Les effets pervers d'une hausse de la TVA sont évidents. Malgré la « baisse de charges », aucune entreprise ne baissera les prix, ni les grandes entreprises monopolistiques, sommées par leurs actionnaires de maximiser leurs marges, ni les PME, étranglées par leurs donneuses d'ordre. Les baisses de cotisations sociales qui se sont déployées depuis 1993 n'ont aucunement enrayé la « vie chère » et ont occasionné de faibles créations nettes d'emplois. La hausse de la TVA sera donc entièrement répercutée sur les prix[1], tout comme lors de la précédente augmentation de 2 points, opérée par Alain Juppé en 1995. Elle déprimera plus encore le pouvoir d'achat et cassera la consommation, actuellement seul moteur de la croissance. La

---

1. La répercussion intégrale sur les prix d'une hausse de 5 points de la TVA entraînerait une baisse annuelle moyenne du pouvoir d'achat de 432 euros, selon l'étude de Pierre Courtioux, « Les effets redistributifs de la "TVA sociale" : un exercice de microsimulation », *Etudes de l'EDHEC*, juin 2007.

hausse du prix des produits importés entamera à son tour le pouvoir d'achat des ménages, qui ne peuvent se tourner vers des produits de substitution aux importations pour ce qui concerne certains biens de consommation courante presque exclusivement fabriqués en Asie, comme le textile, le jouet ou l'électroménager. Si les salaires s'indexaient sur l'inflation, l'effet recherché sur la compétitivité serait nul. La BCE, dont l'œil est rivé sur l'indice des prix, relèvera une fois de plus ses taux d'intérêt. La croissance ralentie amenuisera les recettes fiscales, de surcroît entamées par les baisses d'impôts directs. Les déficits se creuseront et seront prétexte à de nouvelles restrictions budgétaires en matière de redistribution. Il en résultera une aggravation du chômage et une nouvelle montée des inégalités.

La hausse de la TVA allemande a relancé l'inflation et freiné la consommation intérieure, d'autant plus entamée par la modération salariale. La stratégie allemande est en apparence gagnante sur le terrain commercial parce que les industries d'outre-Rhin sont spécialisées sur des créneaux « hors prix » qui leur assuraient déjà des débouchés mondiaux. Cette réforme permet surtout aux entreprises allemandes d'augmenter leurs marges et à leurs actionnaires de bénéficier de dividendes en hausse. Si tous les pays européens s'engageaient dans cette stratégie de

« désinflation compétitive » (prenant la forme d'un dumping social généralisé), le jeu serait à somme nulle. Aucun gain de part de marché pour personne, mais un marasme économique généralisé qui condamnerait une fois de plus le projet européen auprès des peuples.

Mise en jachère pour cause de scepticisme général à son égard à la veille d'élections municipales, la « TVA sociale » germera-t-elle à nouveau dans les esprits lors du débat budgétaire de 2009, où la droite devra inévitablement dégager de nouvelles ressources pour combler le déficit de la Sécurité sociale ?

En attendant, dans la loi de finances de la Sécurité sociale 2008, la piste de la franchise médicale, payée par les malades, était empruntée pour financer le plan Alzheimer et la lutte contre le cancer. Trois franchises ont été créées, avec un plafond annuel de 50 euros par patient : une franchise de 50 centimes sur les boîtes de médicaments, une franchise de 50 centimes sur les actes paramédicaux et une franchise de 2 euros sur les transports sanitaires. Leur rendement escompté est de 850 millions d'euros. Le principe de la franchise pourrait être appelé à se diffuser au financement d'autres risques. Remis au gouvernement Raffarin peu avant la réforme Douste-Blazy de 2004, le rapport Chadelat recommandait déjà la prise en charge privative des « petits risques », pour cantonner le champ du remboursement de la Sécurité sociale aux « gros risques ». Il justifiait ainsi la poursuite des déremboursements et laissait craindre que la frontière entre petits et « gros risques » ne se déplace progressivement, de telle sorte que la part des risques remboursés par la Sécurité sociale ne se réduise qu'aux très « gros risques ». Le gouvernement prévoit d'étendre à nouveau le champ des déremboursements. Le « panier de soins » pris en charge par le régime obligatoire devrait intégralement exclure les soins dentaires, l'optique, les arrêts maladie, la kinésithérapie et de nombreux médicaments. Un ticket modérateur serait créé pour les affections de longue durée, jusqu'alors remboursées à 100 %. Le mécanisme de la franchise revient aussi à privatiser une part du financement des dépenses de santé en le faisant prendre en charge par le patient et, pourquoi pas, à en autoriser le remboursement par les assurances complémentaires privées, aux aguets. Il rompt le principe de solidarité entre bien-portants et malades puisque les malades seuls sont mis à contribution par ce système qui entend les « responsabiliser ».

Pour amortir les conséquences sociales de cette réforme, le scénario de discrimination positive en faveur des plus démunis, retenu par

le gouvernement, est d'exonérer de franchise les
bénéficiaires de la CMU. Les plus pauvres ne
manqueront pas, une fois de plus, d'être stig-
matisés, montrés du doigt comme « assistés »
par ceux qui supporteront le fardeau des
franchises...

Initiateur d'un « Traité simplifié » de 265 pages, Nicolas Sarkozy se présente comme l'homme qui, dès son élection, a relancé lors du Conseil européen de juin 2007 la construction européenne, bloquée, dit-on, par le « non » franco-néerlandais au Traité constitutionnel européen (TCE). Il aurait même réussi à réconcilier oui-istes et non-istes en faisant apparemment retirer du texte le terme de « concurrence libre et non faussée », tout en y faisant inclure celui de « protection des citoyens ». Sur sa lancée, le président en profita pour réclamer que la politique monétaire, conduisant à un euro surévalué, soit réorientée par la BCE car l'Europe n'a pas été bâtie, dit-il, pour favoriser les délocalisations. Il aurait même pu mettre en cause le Pacte de stabilité, beaucoup plus explicitement qu'il ne l'a fait... s'il avait eu foi en les effets du « paquet fiscal », envoyé à ses grands électeurs dès son arrivée à l'Elysée !

Les réserves émises par le président français à l'endroit de la politique macroéconomique européenne rejoignent parfois les arguments antilibéraux portés par nombre de partisans du « non », qui n'en restent pas moins divisés entre souverainistes et fédéralistes. Elles seraient crédibles si la France n'avait pas gaspillé ses deniers publics dans des choix budgétaires et fiscaux aux effets douteux sur la croissance. Ces choix contestables finiront par entretenir l'idée répandue par les lobbyistes néo-libéraux européens d'une inefficacité intrinsèque de la politique budgétaire, alors que celle-ci fait les frais de mauvais choix fiscaux. Les socialistes auraient tort de laisser au président de la République le monopole de la critique du Pacte de stabilité et de la politique conduite par la BCE. Ces critiques tombent *a fortiori* à l'eau dès lors que Nicolas Sarkozy a fait adopter un traité pérennisant précisément les principes de politique monétaire, budgétaire et commerciale qu'il dénonce.

Formellement, le texte finalisé au Sommet de Lisbonne d'octobre 2007 scinde en trois le défunt Traité constitutionnel européen. La partie I, assimilée au « Traité simplifié », est rebaptisée *Projet de traité modifiant le traité sur l'union européenne et le traité instituant la communauté européenne* (en abrégé *Traité modificatif*). Comme la partie I du TCE, le Traité modificatif amende sensiblement le

Traité de Nice. Il ne peut que décevoir les partisans d'une Europe politique parce qu'il ne
comporte toujours pas d'avancée significative
vers une démocratie parlementaire européenne
permettant de dépasser les égoïsmes nationaux.
Le poids de la Commission européenne est
excessif. L'extension du champ de la codécision
entre le Parlement et le Conseil des ministres à
de nombreux domaines (coopération judiciaire
et policière, immigration...) n'intègre pas les
domaines clés que sont la politique étrangère et
de sécurité commune (PESC) et la politique économique. Le champ de la décision intergouvernementale à l'unanimité reste prééminent dans
des domaines essentiels. Ainsi, malgré l'extension
du champ des décisions prises à la majorité qualifiée à une trentaine de domaines, celui-ci n'inclut
toujours pas l'harmonisation des normes fiscales
et sociales [1]. Enfin, le domaine des coopérations
renforcées est certes étendu à la PESC, mais
celles-ci restent soumises à la décision, à l'unanimité, du Conseil européen.

La *charte des droits fondamentaux* (ancienne
partie II) est présentée comme « ayant la même
valeur juridique que les traités » (déclaration

---

1. Une décision est prise à la majorité qualifiée au
Conseil européen, qui réunit les chefs des Etats membres,
ou en Conseil des ministres des champs concernés, si elle
recueille au moins les voix de 55 % des Etats membres
représentant 65 % de la population.

n° 29 annexée au Traité). Elle n'impose malheureusement aucun droit social européen : ses dispositions « n'étendent en aucune manière les compétences de l'Union telles que définies dans les traités ». Elle ne s'applique toujours pas pour la Grande-Bretagne, qui bénéficie, dans ce domaine comme dans d'autres, de l'« *opting out* » (c'est-à-dire de la possibilité de s'extraire des règles communes aux pays ayant adhéré à l'euro).

L'ancienne partie III, intitulée « les politiques de l'Union », critiquée par les non-istes parce qu'elle sanctuarise dans le marbre constitutionnel les politiques néo-libérales, ne disparaît pas. Elle est transformée en *Traité sur le fonctionnement de l'Union européenne*. Comme l'ancienne partie III, ce dernier pérennise l'indépendance de la BCE (article 108), sa mission exclusivement anti-inflationniste (article 97 *ter*)[1] et reconduit le

---

1. L'objectif exclusif de stabilité des prix, confié à la BCE, est une absurdité si l'inflation est indépendante de la création monétaire, comme le soutiennent les économistes postkeynésiens à l'encontre des monétaristes, chiffres à l'appui (la masse monétaire croît à un rythme supérieur à 12 %, pour une inflation de seulement 2 %). Pour les monétaristes, l'inflation est due à un excès de création monétaire, à l'origine d'un excès de demande sur les marchés. Il faut donc mener une politique monétaire rigoureuse, consistant à faire progresser la masse monétaire au même rythme que la croissance potentielle (3 %). Pour les postkeynésiens, l'inflation est surtout due à une tension sur le partage des revenus. Elle intervient en cas de hausse des coûts de production (salaires, prix de l'énergie...), lorsque

Pacte de stabilité (article 104). Il interdit à l'Europe de lancer un emprunt pour financer le budget communautaire (articles 268-1 et 269). Le principe de « concurrence libre et non faussée » est plus que jamais prégnant. Il figurait parmi « les objectifs de l'Union », proclamé dès l'article 2-2 de la partie I du défunt TCE. Le nouveau texte prend soin de ne l'évoquer en tant que tel qu'en annexe (dans le protocole n° 6 sur

les entreprises augmentent leurs prix pour préserver leurs marges. L'inflation s'avive également lorsque la croissance s'accélère et que le chômage baisse. Les salariés sont alors en mesure de négocier des salaires plus élevés. Dans tous les cas, pour maîtriser l'inflation, il faut organiser la négociation salariale de sorte que les partenaires sociaux s'entendent sur la stricte indexation des salaires sur les gains de productivité. Il faut constituer des stocks tampons de pétrole (pour amortir la hausse des cours provoquée par les spéculateurs sur le marché de l'énergie) et réfléchir à une politique énergétique de sortie du « tout-pétrole ». En cas de succès de ces mesures d'accompagnement, une politique d'expansion monétaire peut soutenir la croissance sans s'avérer inflationniste. En revanche, la politique monétaire n'est pas l'instrument approprié pour réduire l'inflation due à une hausse des coûts de production si l'on entend soutenir la croissance. En effet, en présence d'inflation, le réflexe d'une banque centrale à qui l'on fixe l'unique objectif de stabilité des prix est nécessairement de resserrer sa politique monétaire pour casser la demande afin d'éviter qu'une croissance soutenue soit de nature à relancer les revendications salariales ou à attiser des tensions sur le marché de l'énergie. Elle relèvera donc ses taux d'intérêt pour renchérir le crédit. L'objectif de lutte contre l'inflation, assigné à la BCE dans ses statuts, s'avère alors contradictoire avec celui d'une croissance européenne soutenue.

123

le marché intérieur et la concurrence). Ce principe imprègne néanmoins toute la philosophie du Traité sur le fonctionnement de l'Union, où il encadre sévèrement la politique publique : « Sauf dérogation (...), les aides accordées par les Etats membres ou au moyen de ressources d'Etat sous quelques formes que ce soit qui faussent ou qui menacent de fausser la concurrence sont incompatibles avec le marché intérieur » (article 87). Il régit *a fortiori* le fonctionnement des services d'intérêt économique généraux (SIEG). Enfin, la notion de « protection du citoyen », que le président de la République se targue d'avoir introduite dans le Traité modificatif, devient inopérante dès lors que le Traité sur le fonctionnement limite les possibilités de mettre en œuvre la préférence communautaire : « L'Union contribue (...) à la suppression progressive des restrictions aux échanges internationaux et aux investissements directs ainsi qu'à la réduction des barrières douanières et autres » (article 188B).

Comme ne manque jamais de le rappeler Valéry Giscard d'Estaing, le père du TCE, le texte est en vérité la copie conforme du TCE, à ceci près qu'il évite soigneusement d'évoquer le terme de « Constitution » et tous les symboles qui pourraient en rappeler le souvenir (l'*Hymne à la joie*, le drapeau). Ce qui permet à Nicolas

Sarkozy d'assurer aux souverainistes que l'Europe des nations est préservée. Pour autant, en agglomérant l'ensemble des traités en vigueur, le « Traité simplifié » ne change en rien l'orientation néo-libérale de la construction européenne, au demeurant parfaitement compatible avec la position on ne peut plus souverainiste des Britanniques.

Tony Blair fut d'ailleurs le premier à apporter son appui à l'initiative de Nicolas Sarkozy. La Grande-Bretagne n'est toujours pas dans l'euro. Elle jouit de sa souveraineté monétaire et budgétaire au sein d'un grand marché unique dont elle a voulu l'élargissement à 27 et auquel elle accède sans entrave. Elle a obtenu le rejet de l'harmonisation fiscale et sociale du champ des décisions prises à la majorité qualifiée, l'« *opting out* » à la règle de décision à la majorité qualifiée dans les domaines de la coopération policière, judiciaire et pénale, ainsi que le maintien de sa ristourne pour sa contribution au budget communautaire. Tout au plus a-t-elle concédé la nomination par le Conseil européen d'un président et d'un haut représentant[1] chargé de la politique extérieure, parlant d'une voix au nom de l'Europe face aux Etats-Unis. S'agit-il d'ail-

---

1. Le terme de haut représentant de la PESC se substitue à celui de ministre des Affaires étrangères, retenu dans le défunt TCE.

leurs d'une concession, pour ce qui concerne le haut représentant, alors que la majorité des pays membres a récemment adopté les positions atlantistes de la Grande-Bretagne ? Alors que la défense commune est désormais placée sous l'égide de l'OTAN dans le Traité modificatif ? Valéry Giscard d'Estaing avoue à juste titre que la principale leçon de ces négociations intergouvernementales est de révéler la mauvaise volonté de la Grande-Bretagne à faire avancer l'Europe politique, rejetée par ses lobbies conservateurs. Le New Labour de Tony Blair et Gordon Brown, pressé par la presse tabloïde de Rupert Murdoch, regrette toujours de ne pouvoir aller plus loin. La Grande-Bretagne finit à chaque fois par marquer la construction européenne de ses empreintes souverainiste, atlantiste et néolibérale. Quel symbole, si Tony Blair avec l'appui de Nicolas Sarkozy, devenait le premier président désigné par le Conseil européen !

L'Europe dans laquelle nous vivons est donc un compromis bâtard, baptisé, faute de mieux, « Fédération d'Etats nations » (*sic !*) par Lionel Jospin au temps de la gauche plurielle. Elle promet aux fédéralistes un dépassement des particularismes nationaux. Malheureusement, elle ne tend aucunement vers une démocratie parlementaire fédérale capable d'imposer par le contrat social l'harmonisation vers le haut de la fiscalité, des normes sociales et environnementales, ou encore l'extension de la sphère des biens publics accessibles à chacun, selon ses besoins. Elle assure aux souverainistes que les modèles nationaux sont préservés dans les Etats nations grâce au principe de « subsidiarité ». Malheureusement, en régime de monnaie unique, où les ajustements de change sont impossibles en cas de choc asymétrique[1], le fonctionnement d'une zone de libre-échange sans budget communautaire conséquent et sans harmonisation fiscale exacerbe nécessairement la compétition fiscale et sociale. Il condamne à terme les modèles sociaux nationaux, *a fortiori* en présence de directives interdisant les politiques publiques qui « fausseraient la concurrence ».

Dans cette Europe partielle, en l'absence de mécanismes de redistribution par le budget communautaire en direction des zones les plus en difficulté (celles qui subissent un déficit extérieur ou un retard en matière d'infrastructures), le dumping social est la seule stratégie industrielle que ces pays sont en mesure de déployer pour attirer les investissements étrangers, incités à s'y délocaliser. Dès lors, les pays adhérents de

____

1. La notion de choc asymétrique renvoie aux difficultés économiques qui frappent spécifiquement une zone ou un pays, par exemple lorsqu'ils subissent une perte de compétitivité occasionnant un déficit commercial.

l'Eurogroupe sont, eux aussi, condamnés à la déflation salariale et souffrent, à l'exception de l'Allemagne, d'une monnaie surévaluée. Au contraire, les pays qui jouissent de l'*opting-out* sont en mesure d'user à discrétion de leur budget, de leur taux d'intérêt, voire de leur taux de change, s'ils ne sont pas pressés d'adhérer à l'euro. Dans cette zone de libre-échange, les Britanniques ont compris que le souverainisme économique mettait le pays qui le pratiquait en état de livrer aux autres pays membres la concurrence la plus faussée qui soit, au nom de la « concurrence libre et non faussée »...

Les 27 sont désormais lancés dans une compétition aboutissant à aligner vers le bas toutes leurs normes sociales, sans garantie de succès économique, tant le jeu à somme nulle s'avère d'ores et déjà dommageable. L'Europe est devenue une zone de faible croissance, où le chômage et les inégalités se creusent. Elle se montre incapable d'exploiter les avantages technologiques dont elle dispose. Il ne serait nullement étonnant que certains pays de l'Eurogroupe soient un jour tentés par un retour aux monnaies nationales, afin d'user à nouveau de leur taux de change et de se libérer des marges de manœuvre monétaire et budgétaire pour relancer leur croissance et financer leurs priorités. S'il n'était pas trop tard, le seul scénario crédible, à même de promouvoir une authentique Europe fédérale, serait de repartir d'un noyau dur, constitué par les pays ayant adhéré à l'euro. L'Eurogroupe est le seul espace où les pays ayant adopté la même monnaie puissent avoir un intérêt commun à se doter d'un budget conséquent, à harmoniser leurs fiscalités et leurs normes sociales pour faire converger vers le haut les régions les moins développées. Le relèvement du tarif extérieur commun aux frontières de l'Eurogroupe favoriserait de surcroît la lutte contre les délocalisations. Des institutions politiques approfondies permettraient alors de débattre démocratiquement de ces questions cruciales à la majorité qualifiée. Tel est l'authentique « plan B » ! Un tel scénario avait été proposé à la France avant l'élargissement par Joschka Fischer, alors ministre des Affaires étrangères allemand. Il fut rejeté sous la pression des Britanniques, favorables à l'élargissement pour asseoir une vaste zone de libre-échange formée de 27 pays n'ayant, au demeurant, aucune chance de s'entendre sur un socle politique conséquent.

Le président a choisi de s'asseoir sur la souveraineté populaire en faisant adopter par voie parlementaire le texte rejeté le 29 mai 2005 par référendum. Le « mini-traité » consolidera donc un super-marché élargi, à moins que le peuple ne s'empare à nouveau de son destin. Il lui faudra pour cela réveiller le Cordelier et le Jacobin qui sommeillent en son sein.

La restauration néo-conservatrice s'accélère depuis le sacre de son champion le 6 mai 2007. Celui-ci entend la rendre irréversible. Cette contre-révolution s'est accomplie peu à peu à partir de 1986 dans les faits, depuis que les héritiers de la famille bonapartiste détricotent, maille après maille, l'Etat social que leur père fondateur avait édifié et que la gauche montagnarde s'était efforcée, avec le peuple de Paris, de renforcer entre 1981 et 1983. La contre-révolution bénéficie, depuis 1983, véritable Thermidor économique, de la complicité des néo-Girondins et de quelques Montagnards descendus dans la plaine.

A l'œuvre dans les faits, la restauration néo-conservatrice s'impose désormais dans les esprits. La mode est passée, en l'espace de quarante ans, du « tout ce qui bouge est rouge ! », au « tout ce qui bouscule l'immobilisme est moderne ! ». Outre une évidente erreur de casting, la gauche a perdu pour avoir prêché la religion de la nouvelle droite, de plus en plus ouvertement cette fois-ci, tout en se révélant naturellement moins convaincante. Les néo-conservateurs ont donc remporté la bataille idéologique. Ils ont usurpé le trône de la modernité pour mieux restaurer des valeurs carrément réactionnaires. L'horizon d'une « opposition constructive », vantée par certains « rénovateurs du logiciel socialiste », est particulièrement obscur. Il revient à amender le programme de la nouvelle droite, sans lui opposer de projet de société alternatif. Il légitime, un par un, tous les slogans qui servent désormais d'alibi aux dix commandements de la religion néo-conservatrice. A cette aune, les ralliements de certains dirigeants socialistes à Nicolas Sarkozy ne sont aucunement des reniements idéologiques. Relayant cette offensive idéologique, la grande presse pourrait même titrer sans choquer qu'un socialiste moderne est un socialiste de droite... Autrement dit, qu'un bon socialiste est un socialiste mort !

« Mais où sont donc passés les socialistes ? se demande l'homme de la rue. La différence entre la gauche et la droite ne porte donc plus que sur une divergence de "méthode", brutale à droite, négociée à gauche ? » Sachez, citoyen, que sans être gauchiste, il est désormais mal vu d'être simplement socialiste au Parti socialiste. Sur chaque dossier, l'autocensure règne au point qu'il est devenu honteux de contredire les commandements de la *Sarkonomics* :

Augmenter le pouvoir d'achat ? Impossible d'augmenter les salaires ! La « concurrence libre et non faussée » fera baisser les prix !

Critiquer les politiques « de l'offre », inaptes à rétablir le plein-emploi ? Non, les chômeurs sont des assistés !

La réforme du marché du travail ? Vive la flexicurité « gagnant-gagnant » !

La réforme des retraites ? Inéluctable ! Il faut augmenter le taux d'emploi des seniors !

La critique du discours anxiogène sur la dette ? Irresponsable ! Il faut s'attaquer à l'Etat jacobin et centralisateur !

La renationalisation d'EDF et de GDF ? Tu n'y penses pas, camarade !

La réforme fiscale ? C'est tabou !

La TVA sociale ? Pas de tabou !

Le « Traité simplifié » ? Adopté par déni de démocratie !

Au cours de ces vingt-cinq dernières années, la boussole socialiste a parfois indiqué d'étranges directions, qui ont mené sans complexes Eric Besson, Bernard Kouchner, Martin Hirsch, Jean-Pierre Jouyet, Jean-Marie Bockel, Jack Lang, Jacques Attali et d'autres là où ils sont. Il faut maintenant réparer cet instrument, indispensable dans le désert d'avenir[1] qui s'étend à perte de vue. Faute de quoi, les aventuriers de la gauche perdue s'égareront dans les sables mouvants d'un marais où ils finiront par s'enliser, jusqu'à sombrer corps et âme. Leurs descendants devront alors travailler dur pour se munir d'une boussole neuve, dont l'aiguille indiquera spontanément les antipodes de l'enfer politique, économique et social vers lequel les dix commandements néo-conservateurs mènent la France. Douze travaux d'Hercule attendent d'ores et déjà ceux qui deviendront des demi-dieux, s'ils parviennent à résister au chant des sirènes :

Tu augmenteras les salaires.

Tu combattras le chômage, et non pas les chômeurs.

Tu feras progresser le droit du travail.

Tu ne dépouilleras pas les personnes âgées pour les obliger à travailler.

Tu dénonceras le pacte de stupidité.

Tu rachèteras les bijoux de famille.

Tu relanceras la politique industrielle.

Tu rendras l'impôt juste.

Tu étendras la solidarité nationale envers les pauvres et les malades.

---

1. L'expression est de Guillaume Bachelay.

Tu respecteras la souveraineté du peuple.

Tu laisseras à la porte de l'Europe le cheval de Troie pseudo-libéral.

Tu te méfieras de tout ce qui brille.

TABLE

Dans la même collection

Fourest (Caroline)   *La Tentation obscurantiste*
Fukuyama (Francis)   *D'où viennent les néo-conservateurs?*
Galbraith (John Kenneth)   *Les Mensonges de l'économie*
Gozlan (Martine)   *Le Désir d'Islam*
Guénaire (Michel)   *Le Génie français*
Gumbel (Peter)   *French Vertigo*
Hoang-Ngoc (Lièm)   *Vive l'impôt!*
Lévy (Thierry)   *Nos têtes sont plus dures que les murs des prisons*
Minc (Alain)   *Ce monde qui vient ▪ Le Crépuscule des petits dieux*
Olivennes (Denis)   *La gratuité, c'est le vol*
Richard (Michel)   *La République compassionnelle*
Sfeir (Antoine)   *Vers l'Orient compliqué*
Spitz (Bernard)   *Le Papy-krach*
Toranian (Valérie)   *Pour en finir avec la femme*